中学校数学サポートBOOKS

10のポイントで必ず充実！

中学校数学科
言語活動
プラン＆
評価問題

鈴木 明裕 著

明治図書

はじめに

「不易と流行」という言葉がある。平成８年の中央教育審議会答申において用いられ，まさしく流行した。一方，「言語活動の充実」という言葉は，平成20年の中央教育審議会答申から用いられた言葉である。「言語活動の充実」は，一時の流行ではなく，不易となるべきであると願っている。

次の学習指導要領に向けての会議報告の中では，「言語活動の充実」は「一定の成果は得られつつある」「一層の浸透や具体化を図る必要がある」とされている。このことは，新しい学習指導要領でも「言語活動の充実」が継続して流行していくのではなく，不易なものとして中学校数学の指導に明確に位置付け，実践されていくべきものと解釈したい。

学校現場では，数学的活動を重視した，生徒主体の授業に取り組む実践が多くなっている。しかし，自分の授業の「言語活動の充実」について，

・小集団（ペアやグループ）で生徒が話し合う場面を設定したが，生徒に任せたままでよいのか，教師は手立てとして何をすべきなのか
・「友達の説明を聞いてよくわかった」と遅れがちな生徒が感想を書いてくれたが，単に早くできた生徒が教え込んでいるだけではないのか
・授業では，生徒が盛り上がり，活発に議論していたが，授業の目的を達成しただろうか，生徒はこの活動から学んだだろうか
・生徒の言語活動を充実させ，よりよい数学の授業を提供するために，授業前，授業中，授業後，教師は何をすべきなのか

などと自問自答している数学教師は多いのではないだろうか。

そのような先生方と一緒に，よりよい「言語活動の充実」をめざした数学の授業を考えようというのが，本書の意図するところである。

そこで，本書は，第１章「言語活動を充実させるためのポイント」，第２章「言語活動プラン＆評価問題」の２章構成とした。

第1章では，「言語活動の充実」を考えるポイントして，まず，その経緯を簡単に振り返る。ここでは，もっと詳しく知りたい，深めるために原典を読みたいという先生方に役立つよう，できるだけ引用文献がわかるように心がけた。次に，指導のためのポイントとして，10項目を提案する。10項目は，授業の計画の段階から，授業中，授業後の生徒への評価問題，教師の自己評価・研鑽までを取り上げる。

　第2章では，1〜3年まで学年ごとに授業例を示す。「言語活動の充実」といっても，特別な教材を準備するものではなく，日々の授業で実践すべきものという考えから，授業例としていくつかは，教科書通りともいえる問題も取り上げる。授業例では，

授業の目標　　：学習指導案などにおいて示される授業の目標

教材について：授業の主問題について，授業で意図する数学的活動，授業展開例で示し切れない部分の説明など

言語活動充実のポイント：第1章の10項目との関連，授業を行うときの「言語活動の充実」からの留意点など

授業展開例　　：T−S形式で，授業場面の切り取り

評価問題　　　：このような評価問題を出題したいという例

　　　　　　　　　内容は，評価問題，出題の意図，解答類型・評価基準

を示す。評価問題では，授業を受けての評価問題という立場から，記述式ばかりでなく，短答や記号選択の問題も示す。

　これらは，「言語活動の充実」による数学の授業を展開するための1つの提案である。だから，ぜひ，批判的に読み，自分ならこうすると考え，目の前の生徒たちに実践していただきたい。そして，先生方の授業実践の一助となれば幸いである。

　末筆ながら，この本に至るまでご指導いただいた先生方，先輩，仲間，そして，生徒たちに感謝申し上げます。また，出版に際し，ご尽力いただいた明治図書出版の赤木恭平氏にお礼申し上げます。

　　　　　　　　　　　　　　　　　　　　　　　　　　　鈴木　明裕

Contents

はじめに

第1章
言語活動を充実させるためのポイント

1　なぜ数学の授業で言語活動を充実させるのか—考えるポイント

　　1　「言語活動の充実」の意図と経緯 ⋯⋯⋯⋯⋯⋯⋯⋯⋯⋯⋯⋯⋯⋯⋯ 8

　　　　①数学の授業における「言語活動の充実」の意図

　　　　②「言語活動の充実」が取り上げられるようになった経緯

　　2　「表現」の2つの意味とその変化 ⋯⋯⋯⋯⋯⋯⋯⋯⋯⋯⋯⋯⋯⋯ 15

2　どのように言語活動を充実させるのか—指導のための10のポイント

　　1　教師が明確な意図並びに学習指導計画をもつ ⋯⋯⋯⋯⋯⋯⋯⋯ 17

　　2　生徒に言語活動の必要性，必然性を感じさせる ⋯⋯⋯⋯⋯⋯⋯ 18

　　3　言語活動を「事実・手続き」「根拠」「着想」の3つの柱をもとに考える ⋯ 20

　　4　言語活動を支えるものとしての「て・め・あたま」を意識する ⋯⋯ 23

　　5　書くことと話すこと，そして表現することを訓練する ⋯⋯⋯⋯⋯ 26

　　6　3つの観点から授業のまとめを準備する ⋯⋯⋯⋯⋯⋯⋯⋯⋯⋯ 27

　　7　授業と評価の一体化を図る—評価問題の作成とその解答類型 ⋯ 29

　　8　レポート作成を利用する ⋯⋯⋯⋯⋯⋯⋯⋯⋯⋯⋯⋯⋯⋯⋯⋯ 32

　　9　言語活動を支える学習集団をつくる ⋯⋯⋯⋯⋯⋯⋯⋯⋯⋯⋯ 33

　　10　教師が自分の授業を振り返る—ビデオの活用 ⋯⋯⋯⋯⋯⋯⋯ 34

引用・参考文献

第2章
言語活動プラン＆評価問題

1年

負の数でもたし算ができるの？ ································· 42
　　正の数・負の数

文字の式でも計算ができるの？ ································· 48
　　文字の式

数量関係をどうやって調べたらいい？ ····················· 54
　　比例・反比例

作図の手順を言語表現してみると？ ························· 59
　　平面図形

母への言い訳を考えよう ··· 64
　　資料の散らばりと代表値

長期休暇での自由研究課題 ······································· 70
　　レポート作成を利用した言語活動

2年

多様な方法は連立方程式に結び付いている？ ············ 76
　　連立方程式

なぜ一次関数のグラフは直線といえるの？ ··············· 82
　　一次関数

その補助線は何？ ……………………………………………………………………… 88
 図形の性質と証明

「同様に確からしい」を意識しよう ………………………………………………… 94
 確率

任意の追究課題レポート ………………………………………………………………… 100
 レポート作成を利用した言語活動

3年

平方根表の秘密を発見しよう ………………………………………………………… 108
 平方根

学習 Map を作成しよう ………………………………………………………………… 114
 二次方程式

既習の確認から学習の目標，見通しをもとう ………………………………… 120
 関数 $y=ax^2$

円を等分した点を結ぶ対角線でできる角を追究しよう ………………… 126
 円の性質

ピタゴラスの発見を追体験しよう ………………………………………………… 132
 三平方の定理

三平方の定理の証明を調べ，分析しよう ……………………………………… 138
 レポート作成を利用した言語活動

第1章
言語活動を充実させるためのポイント

　第1章では，言語活動を充実させるためのポイントについて，「なぜ数学の授業で言語活動を充実させるのか―考えるポイント」と「どのように言語活動を充実させるのか―指導のための10のポイント」に分けて示していく。

　「なぜ数学の授業で言語活動を充実させるのか―考えるポイント」では，数学の授業における「言語活動の充実」の意図を示すとともに，教育活動全体から「言語活動の充実」が図られた意図と数学の授業での役割を示す。また，それに伴って「表現」の意味が変化したことを確認する。

　「どのように言語活動を充実させるのか―指導のための10のポイント」では，10項目のポイントを示す。それは，授業前，授業中，授業後のそれぞれの場面で，教師が授業を組み立てるとき，意識しておくこと，並びにこのような手法を試みたらどうかという提案である。

1 なぜ数学の授業で言語活動を充実させるのか
―考えるポイント

1 「言語活動の充実」の意図と経緯

①数学の授業における「言語活動の充実」の意図

　言語活動がない数学の授業は考えられるか？

　その問いに対する答えは，否である。

　書くことも，話すこともない数学の授業を想像することはできない。どのような数学の授業でも，言語活動はなされている。さらにいえば，モリス・クラインが数学とは何かに対する20世紀的見解として「数学のもう一つの特性は記号による言葉である」(1) と述べているように，数学自体が言語活動であるという側面をもっている。

　では，なぜ「言語活動の充実」が話題となるのか？

　それは，数学の授業でなされている書くこと，話すことなどの言語活動が，数学の学習指導として価値あるものとなっているかが問われていると考えるべきだろう。だから，「言語活動」ではなく，「言語活動の『充実』」が重要であると考える。

　つまり，数学の授業における「言語活動の充実」の意図するところは，

> 　思考力，判断力，表現力等の育成を行うための手立てとして，「言語活動の充実」に取り組む

である。

8

さらに，言語活動と直結する表現力に対して，中学校数学で重視する［数学的活動］の１つとして，「数学的な表現を用いて，根拠を明らかにし筋道立てて説明し伝え合う活動」が明示されている。逆から考えれば，言語活動を充実させることは，授業の中で［数学的活動］に取り組んでいることになる。それは，学習指導要領で数学科の目標の冒頭に示されている「数学的活動を通して，」に適合するものとなるといえる。

　しかし，ここで注意しなければならないことは，「言語活動の充実」に目を奪われることである。それはあくまでも思考力，判断力，表現力等の育成を行うための手立てとして，適切に行わなければならない。このことは，平成24年４月６日付で出された「『中学校等の新学習指導要領の全面実施に当たって』（文部科学大臣からのメッセージ）について（通知）」においても，「言語活動そのものを目的化するなど本来の趣旨にそぐわない運用となることのないよう留意しつつ」(2)と明記されている。

②「言語活動の充実」が取り上げられるようになった経緯

　なぜ「言語活動の充実」が取り上げられるようになったのか，その経緯を概観することで，なぜ数学の授業で言語活動を充実させようとしたかを確認する。

　「言語活動の充実」は，平成20年中央教育審議会答申「幼稚園，小学校，中学校，高等学校及び特別支援学校の学習指導要領等の改善について」において用いられた言葉である。答申の前段階である平成18年「審議経過報告」では用いられていない。

　「言語活動の充実」が唱えられるきっかけは，平成16年のPISA調査の結果が発表された折の，いわゆる「PISAショック」である。それから，極めて短期間の間に，使用される用語は「読解力」「国語力」「言語活動」へと変化した。

第1章　言語活動を充実させるためのポイント　9

「PISA ショック」は何であったか。

平成16年に結果が公表された PISA 調査は OECD（経済協力開発機構）によって実施された調査で，「読解力」「数学的リテラシー」「科学的リテラシー」「問題解決能力（平成15年のみ）」の4分野にわたり，主に記述式で解答を求める問題により調査が行われたものである。

「数学的リテラシー」「科学的リテラシー」「問題解決能力」の得点については，1位の国と統計上の差はなかったとされているが，前回調査では「数学的リテラシー」が1位，「科学的リテラシー」が2位であったことから，後退したという印象はぬぐえない。それにもまして，「読解力」の得点については，参加国の平均程度まで低下している状況が示された。この「読解力」の低下が問題となり，すべての教科において取り組むべきこととして，扱われるようになった。

数学についても，1位の国と統計上の差はなかったとされているが，記述式問題や解釈が必要な問題に課題があると指摘された。また，無答率が参加国平均よりも高く，課題とされた。

PISA 調査における「読解力」は，日本語の辞書にあるような意味と異なり，次のように定義されている。

自らの目標を達成し，自らの知識と可能性を発達させ，効果的に社会に参加するために，書かれたテキストを理解し，利用し，熟考する能力。(3)

これに関して，PISA 型「読解力」の特徴をまとめた次の文がわかりやすい。
①理解するだけではない
⇒テキストに書かれた情報を理解するだけでなく，「解釈」し，「熟考」することを含んでいる。

②読むだけではない

⇒テキストを単に読むだけでなく，テキストに基づいて自分の意見を論じたりすることが求められている。

③内容だけではない

⇒テキストの内容だけでなく，構造・形式や表現方法も，評価すべき対象となる。

④文章だけではない

⇒テキストには，文学的な文章や説明的文章などの「連続型テキスト」だけでなく，図，グラフ，表などの「非連続型テキスト」を含んでいる。(3)

　「読解力」といっても，入力だけでなく，出力が重要であることがわかる。この PISA 型「読解力」の考えが「国語力」，「言語活動」へと引き継がれていく。

　「国語力」は，平成18年中央教育審議会初等中等教育分科会教育課程部会「審議経過報告」において用いられた言葉である。そこにおいて，

　言葉は，「確かな学力」を形成するための基盤であり，生活にも不可欠である。言葉は，他者を理解し，自分を表現し，社会と対話するための手段であり，家族，友だち，学校，社会と子どもとをつなぐ役割を担っている。言葉は，思考力や感受性を支え，知的活動，感性・情緒，コミュニケーション能力の基盤となる。国語力の育成は，すべての教育活動を通じて重視することが求められる。(4)

と述べられ，すべての教科において「読解力」の育成を図らなければならないということへとつながった。

第1章　言語活動を充実させるためのポイント　11

「言語活動の充実」は，平成20年の中央教育審議会答申において用いられた言葉である。この「言語活動の充実」について，平成20年答申においては，いろいろな場面で繰り返し述べられている。

「7．教育内容に関する主な改善事項」における（1）が「言語活動の充実」であり，改善事項の1番に取り上げ，

各教科等における言語活動の充実は，今回の学習指導要領の改訂において各教科等を貫く重要な改善の視点である。

それぞれの教科等で具体的にどのような言語活動に取り組むかは8．で示しているが，国語をはじめとする言語は，知的活動（論理や思考）だけではなく，5．（7）の第一で示したとおり，コミュニケーションや感性・情緒の基盤でもある。

と示している。

そして，知的活動の基盤という言語の役割の観点から，各教科を意識した知識・技能を活用する学習活動の例示がされ，算数・数学については，

・比較や分類，関連付けといった考えるための技法，帰納的な考え方や演繹的な考え方などを活用して説明する（算数・数学，理科等）(5)

と示されている。

また，コミュニケーションや感性・情緒の基盤という言葉の役割に関しては，音楽，図画工作，美術，体育，家庭，技術・家庭，生活，特別活動，道徳，総合的な学習の時間などの例が示されている。

さらに，「7．教育内容に関する主な改善事項（2）理数教育の充実」においても「言語活動の充実」について言及し，

また，今回の学習指導要領改訂においては，思考力・判断力・表現力等の育成の観点から知識・技能の活用を重視し，各教科等における言語活動の充実を図ることとしている。上記（1）のとおり，論理や思考といった知的活動の基盤という言語の役割に着目した場合，

・比較や分類，関連付けといった考えるための技法，帰納的な考え方や演繹的な考え方などを活用して説明する，

・仮説を立てて観察を行い，その結果を評価し，まとめ表現する，

といった言語活動が重要であり，これらの活動を行う算数・数学や理科の役割は大きい。(6)

と算数・数学や理科に期待される言語活動が示されている。

　次に，「8．各教科・科目等の内容（2）小学校，中学校及び高等学校③算数，数学」において，言語活動は「（ⅰ）改善の基本方針」の中では，次のように示されている。

　算数科，数学科については，その課題を踏まえ，小・中・高等学校を通じて，発達の段階に応じ，算数的活動・数学的活動を一層充実させ，基礎的・基本的な知識・技能を確実に身に付け，数学的な思考力・表現力を育て，学ぶ意欲を高めるようにする。

　数学的な思考力・表現力は，合理的，論理的に考えを進めるとともに，互いの知的なコミュニケーションを図るために重要な役割を果たすものである。このため，数学的な思考力・表現力を育成するための指導内容や活動を具体的に示すようにする。特に，根拠を明らかにし筋道を立てて体系的に考えることや，言葉や数，式，図，表，グラフなどの相互の

第1章　言語活動を充実させるためのポイント　13

関係を理解し，それらを適切に用いて問題を解決したり，自分の考えを
分かりやすく説明したり，互いに自分の考えを表現し伝え合ったりする
ことなどの指導を充実する。(7)

　このように，平成20年答申における「言語活動の充実」は，平成18年「審
議経過報告」における「国語力」を発展させた考えといえるが，より具体的
であり，それぞれの教育活動に期待される言語活動が明示されているという
特徴をもつ。この答申をもとに，現行平成20年の学習指導要領が作成されて
いる。
　数学の授業のためにと，「中学校学習指導要領解説　数学編」をひも解き，
参考にすることが多いが，教育活動全体の中での数学科における「言語活動
の充実」を考えるうえでは，平成20年答申が大いに参考になる。教育活動全
般における数学の授業の活動を，原点に返り，何を意図しているのか，その
目的を達成するように努めているか，形式的に流れていないかなど折々に問
い直したいものである。

　一方で，当時多く議論されていたにもかかわらず，現在では後退した感が
あるものもある。用語「読解力」が多く用いられたころは，その言葉の印象
もあり，入力について多く議論された。これは，それまでの出力中心の指導
に対する１つの警告であり，メッセージであったと考える。
　「言語活動」が多く用いられるようになり，軸足も出力に移行した感があ
り，残念である。問題設定のことなど，入力に着目した指導も「言語活動の
充実」として必要であると考える。再び着目される日が遠からず来ると考え
ている。そのときになって始めるのではなく，現在から，日々の授業の中で
取り組んでいきたいことである。

2 「表現」の2つの意味とその変化

　「言語活動の充実」にかかわる用語として，「表現」がある。この「表現」がいろいろな意味で用いられているため，整理が必要である。

　まず，学習指導要領における数学科の目標においても，「表現」は2度出てくるが，意味するところは違う。(8) 一方は「数学的な表現や処理の仕方」で習得すべきものであり，他方は「事象を数理的に考察し表現する能力」で高めるものである。この「表現する能力」は平成20年答申を受けて，改定で加えられたものであり，まさに「言語活動の充実」に直結したものである。

　このことにより，評価規準の見直しが図られ，「数学的な表現・処理」が「数学的な技能」に，「数学的な見方や考え方」に考えたことの表現が含まれるようになった。

　その趣旨は，

> 　「思考・判断・表現」として，従来の「思考・判断」に「表現」を加えて示した趣旨は，この観点に係る学習評価を言語活動を中心とした表現に係る活動や児童生徒の作品等と一体的に行うことを明確にするものである。このため，この観点を評価するに当たっては，単に文章，表や図に整理して記録するという表面的な現象を評価するものではなく，例えば，自ら取り組む課題を多面的に考察しているか，観察・実験の分析や解釈を通じ規則性を見いだしているかなど，基礎的・基本的な知識・技能を活用しつつ，各教科の内容等に即して思考・判断したことを，記録，要約，説明，論述，討論といった言語活動等を通じて評価するものであることに留意する必要がある。(9)

と明確に言語活動とのかかわりの中で示されている。

　なお，「技能」については，

第1章　言語活動を充実させるためのポイント　15

今回，「技能・表現」に替えて示す「技能」は，各教科において習得すべき技能を児童生徒が身に付けているかどうかを評価するものである。教科によって違いはあるものの，基本的には，現在の「技能・表現」で評価している内容は引き続き「技能」で評価することが適当である。すなわち，算数・数学において式やグラフに表すことや理科において観察・実験の過程や結果を的確に記録し整理すること等については，現在「技能・表現」において評価を行っているが，同様の評価は今後「技能」において行っていくこととなる。(9)

と示されており，式やグラフに表すといった数学的な表現が軽視されたものではないことを確認しておきたい。むしろ，「思考・判断・表現」における表現を支える重要な役割を担うものであることを確認しておきたい。

2 どのように言語活動を充実させるのか
―指導のための10のポイント

前節において考えたことを踏まえて，実際の数学の授業の中でどのように言語活動を充実させていくかを，指導のための10のポイントとして提案する。

1 教師が明確な意図並びに学習指導計画をもつ

前節で示したように，言語活動がない数学の授業は考えられない。だから，どのような数学の授業でも，何らかの言語活動はなされる。そのためか，

「今日の授業では，生徒が盛り上がり，活発に議論していましたので，よい言語活動ができました」

といった発言をする教師がいる。「言語活動の充実」がそのような偶発に頼ったものであってはならない。ある生徒の発言がきっかけとなり，よりよい言語活動がなされることはよくあることではあるが，

「本時のこの場面で『言語活動の充実』を図りたい，そのことにより，思考力，判断力，表現力等の育成を行う」

という教師の明確な意図並びに学習指導計画があって，はじめて意味のある言語活動となると考える。

では，どこで「言語活動の充実」を図るのか。授業を問題解決の形でとらえるならば，

> 疑問や問いの発生，定式化による問題設定，問題の理解，解決の計画，実行，検討及び新たな疑問や問い，推測などの発生と問題の定式化 (10)

のどの場面でも考えることができる。

第1章 言語活動を充実させるためのポイント 17

しかし，一方で，すべての場面で「言語活動の充実」を図ろうとすると，授業の各場面は膨らみ，時間がたりなくなるばかりでなく，本時の目標が何であったのかわからなくなってしまう。それは「言語活動そのものを目的化するなど本来の趣旨にそぐわない運用」(2) になっているからである。

だから，教師はどの場面で「言語活動の充実」を図るのか，それによってどのような思考力，判断力，表現力等を育成するのか，学習指導計画を立てる段階で，明確にしておかなければならない。

2 　生徒に言語活動の必要性，必然性を感じさせる

では，どのような場において「言語活動の充実」を図ることがよいだろうか？

それは，生徒が言語活動の必要性，必然性を感じる場である。生徒から，
「自分の考えを説明したい」
「他の人の考えを聞いてみたい」
という場面を設定することが，「言語活動の充実」への大きな活力になる。

苦しみながらも問題に取り組み，教科書にも載っていないような，うまい方法を見いだしたときや，新たな発見をしたときなどは，生徒は話したくてうずうずする。
　例えば，星形五角形の先端にできる角の和を星形七角形，星形九角形と追究して，いつでも成り立つ法則「星形 n 角形の先端にできる角の和＝180°×$(n-4)$」を発見したとき，いつでも説明に使える補助線「星形 n 角形の頂点を結んで，2つの多角形に分ける補助線」「星形 n 角形の頂点と内部の点を結んで，n 個の三角形に分ける補助線」を発見したときなどは「自分の考えを説明したい」と黙っている方が難しくなるだろう。

星形五角形  180(°)　　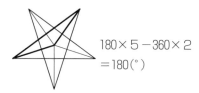 180×5−360×2＝180(°)

星形七角形  180＋360＝540(°)　　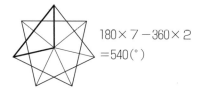 180×7−360×2＝540(°)

星形九角形 360＋540＝900(°)　　 180×9−360×2＝900(°)

　真剣に思考したことは人に伝えたくなる。悩んで判断したことに対しては，人の意見が聞きたくなる。そのために，いかに自分の考えをうまく表現しようか考える。それに対しては，真剣に聞こうとする。
　このような真剣に思考する場，悩んで判断する場，話を聞こうとする場を，いかにうまく提供するかが教師の役割であり，指導のポイントになると考える。

3　言語活動を「事実・手続き」「根拠」「着想」の３つの柱をもとに考える

筆者は，

> 「事実・手続き」
> 「根拠」
> 「着想」

という３つの柱を設けて生徒の発言を分析，整理することで，説明し伝え合う活動（言語活動）を充実させ，授業をよりよくしていくことを提案している。[11]

　教師が生徒の発言に対して，
「○○さんは，こうなるという事実をいったんだね」
「今の発言は，このようにすればよいという手続きについていったんだね」
「○○さんは，なぜそうなるかという根拠を説明したんだね」
「まず，事実について整理しましょう。根拠は後にしてね，違う考えの人は発表してください」
などのように整理をするだけで，授業での言語活動は，違う形を見せてくるだろう。

　生徒が自分の思ったこと，考えたことを話したいとばかりに，前の発言者の意図をくみ取ることなく発言すると，「事実・手続き」「根拠」が混在したままになり，それぞれが勝手に話しているだけになってしまうことがある。また，内容が複雑になり，発言はあるのだが，「今，何を話題にしているのか」がわからず，発言者も聞いている者も混乱し，「事実・手続き」「根拠」の整理がなされないため，結果として，教師の意図するまとめだけが残るということがある。

だから，このような場面では，何について話し合っているのかを整理することが重要である。それによって話し合いの内容を焦点化することができるので，生徒の理解は深まるだろう。その観点として，まず，「事実・手続き」と「根拠」を分けたい。

　また，中学生になると，「間違ったことを発言したくない」という意識が強くなり，「根拠」まで明らかにできないと，「事実・手続き」について意見をもっていても，発言しなくなる。そのようなとき，「事実・手続き」と「根拠」を分けることは，生徒の発言の機会をつくるための１つの手立てになるだろう。

　３つ目として付け加えたいのが「着想」である。『個に応じた指導に関する指導資料』（文部科学省，2003）において，

　「どうしてそんなにうまいことに気付いたの？」という着想発生の状況報告（発表）は，
　ⅰ）同じような場面で概念や公式などを適用する視点を知り，
　ⅱ）今後その考え方を活用する際に必要となる状況を確認する機会となり，
　ⅲ）その考え方がいかに有効かを知ることへもつながっていく。 [12]

とその有用性を示している。

　しかし，この「着想」は，「事実・手続き」「根拠」と同じように，授業場面で問われることは少ない。教科書においては，いろいろと示す工夫がされているが，問題集などにおいては，問題の答えという事実や解き方という手続きが主で，根拠の解説も少ない。ましてや「着想」までは示されていない。そのため，解答を見て「なるほどなあ，でも，その解き方，次のとき気付く自信ないなあ」と感じてしまう生徒がいる。

第１章　言語活動を充実させるためのポイント　21

「着想」まで知ることで，はじめて「納得できた」「次はできそうだ」と感じることができるのではないだろうか。

授業の中でも，端的な例がある。
ある教育実習生が二等辺三角形（AB=ACの△ABC）の底角が等しいことの証明を指導したとき，決まり文句として，
「何か質問はありませんか？」
と聞いた。

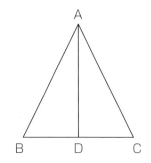

すると，
「黒板に書いてある，一つひとつの証明の内容はよくわかります。でも，1行目に『∠Aの二等分線を引き』とありますが，どこから『∠Aの二等分線を引き』が出てきたのかがわかりません」
という質問が出た。
その後，その教育実習生は，授業終了のチャイムまで無言のままだったという。

これは「『事実・手続き』『根拠』についてはわかりました。しかし，『着想』がわかりません」と述べているものである。生徒は，
「知っているから，その補助線が引けるのではないですか？」
といいたい気持ちだったのではないだろうか。
教科書では，「∠Aの二等分線を引く」という「着想」を得るために，紙を折るなどの操作を準備している。その教育実習生は，「着想」という視点がないため，直前に学習した操作と証明が分離していたと考えられる。

このように，「着想」が説明し伝えられないため，「何となくわからない」と感じている生徒は多いのではないだろうか。数学を苦手と思っている生徒ほど，そのような思いをしているのではないかと思う。

4　言語活動を支えるものとしての「て・め・あたま」を意識する

　「て・め・あたま」は，柴田録治先生（愛知教育大学名誉教授・岐阜聖徳学園大学名誉教授）より教えていただいた言葉である。「て・め・あたま」は，手，目，頭の音であり，そこから連想される，理解の方法並びに表現の方法を示す言葉である。

　筆者は「て・め・あたま」を，

　　て　　　⇒操作による理解の方法，表現の方法　　（動的）
　　め　　　⇒映像による理解の方法，表現の方法　　（静的）
　　あたま　⇒言語（数式表現を含む）による理解の方法，表現の方法

ととらえ，言語活動として活用することを提唱している。(13)

　なぜ提唱しているのかというと，「言語活動の充実」が唱えられ，研究も進められるのはよいことであるが，教科書も含めて，扱われる表現が「あたま」に偏りすぎていると感じることが多いからである。
　そして，「て」「め」を扱っていたら，もっとスムーズに，もっと深まりのある学習ができたのではないかと思う場面にしばしば出会うからである。

　学習指導要領解説に示され，多くの教科書でも扱われている速算法(14)についても，「あたま」ばかりではなく，「て」「め」を使ったなら，多くの生徒がいろいろな場面，内容に対して，「なるほど！」と声を発すると考えている。
　「あたま」を簡略に示すと，次のようになる。

第1章　言語活動を充実させるためのポイント　23

十の位が同じで，一の位が5の2桁の自然数を$10a+5$とする。

$(10a+5)^2$
$=10a \times 10a + 10a(5+5) + 5 \times 5$
$=10a \times 10 \times (a+1) + 5 \times 5$
$=100 \times a \times (a+1) + 5 \times 5$

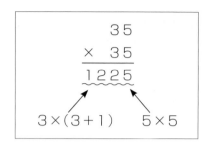

十の位が同じで，一の位の5を一の位の数の和が10になる自然数に変え，$10a+b$，$10a+c$ $(b+c=10)$ とする。

$(10a+b)(10a+c)$
$=10a \times 10a + 10a(b+c) + b \times c$
$=10a \times (10a+10) + bc$
$=100 \times a \times (a+1) + bc$

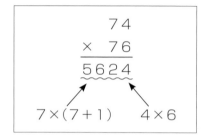

しかし，数式だけを見ていても，上記のように，
「一の位の5を，一の位の数の和が10になる自然数に変えてみよう」
という着想はなかなか得られるものではない。
　そこで，次のような図表現・操作を考えると，一の位の数の和が10になることがポイントであることに気付きやすい。

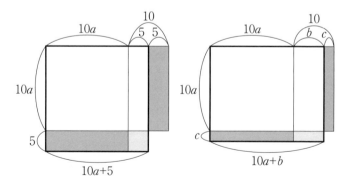

ポイントに気付けば，和が10であればよいのだから，5＋5以外も考えてみようという着想は得やすい。さらに，図から，

　「一の位を同じにして十の位を変えることはできないだろうか？」
と発展的に考え，文字式を用いてそれを確認しようという流れは自然なことではないだろうか。

　生徒が問題を解くときに，私たちは方程式の問題であれ，図形の問題であれ，

　「数量関係を図に表してごらん」
　「図で考えなさい」
と助言を与えている。

　その図の説明をすることは，言語活動ではないのだろうか。私たちはすでに「て」「め」の重要性を認めているのではないのだろうか。これらは前節で示した言語活動の入力にかかわる部分である。

　そのことともかかわるが，教科書がとても親切になっているために，問題場面の情景図が示されていたり，図形の問題のほぼすべてに図が示されていたりすることにも注意を払いたい。生徒自身がテキスト（問題文など）から必要な情報を得て「解釈」し，「熟考」する機会が少なくなっている。この部分においては，「あたま」より「て」「め」の役割の方が大きいと考える。

　「言語活動の充実」として，「あたま」ばかりでなく，「て」「め」にも着目したい。中学校の言語活動であるのだから，最終的には言語（数式を含む）表現「あたま」を目指すべきであるが，その言語活動を支えるものとして，「て」「め」の活動を重視していきたい。

第1章　言語活動を充実させるためのポイント　25

5 書くことと話すこと，そして表現することを訓練する

　「言語活動の充実」を目指し，言語活動の場を用意しても，その場において適切に指導されることなく放置されたままでは，生徒の能力がよりよく育てられているとはいい難い。

　「言語活動の充実」は，生徒の思考力，判断力，表現力等の育成を行うために取り組むものであるから，よい表現が示されたなら褒めてよりよく伸ばす，不十分な表現なら修正したりしてよりよいものを示すなどの指導・評価がなければならない。生徒が思考し，判断したことを表現しようとしたとき，それははじめから完成品ができるわけではない。言語活動を通してつくり上げるという，教師を含めたクラス全体の姿勢が肝要である。

　小学校では，教師の１つの発問に対して，
　「同じでもいいから，自分の言葉で発表してごらん」
という言葉を添えながら，数名の児童に発言させることが多い。
　しかし，中学校になると，１人の生徒から正解が出ると，あたかもクラスのすべての生徒がわかったかのように，授業が進められることがしばしばである。
　ある授業を参観させていただき，そのことを指摘し，
　「先生は，小学校の経験はありませんか？」
と問いかけたら，
　「３月まで小学校にいました。そのときは普通にやっていたのに，中学生相手ということで，自分でも気付かないうちに変わっていました」
と述べられた。
　中学校でも，１人の表現で，クラスのすべての生徒が理解したとするのは乱暴である。逆に，とても整った表現が示されたなら，それをクラス全員がわかるようにすることが教師の役割である。

だから，

「○○さんの発言をつなげよう，付けたしをしてくれる人？」

「数学の言葉，表現を使うとどうなる？」

「ここまでのことを整理して，まとめていうと？」

などとはじめの表現をよりよいものへと高めていく活動，また，表現されたものに対して，

「○○さんの発言は伝わりましたか？」

「伝わった内容を，自分の言葉で表してみよう」

などと精選された表現を自分のものとする活動を促すように指導したい。

それは，話すことばかりではない。適時「ノートに書きましょう」と一人ひとりがノートに書いて表現するという活動を促したい。「生徒のノートに何を残すのか」というのは，数学の学習指導において教師として考えておくべきことである。

6　3つの観点から授業のまとめを準備する

問題解決型授業を行った場合の授業のまとめについて，筆者は次の3つの観点から準備することを提案している。(15)

> i ）本時の提示問題，定式化された問題（授業のめあて）に対するまとめ
> ii ）新たに獲得した知識や技能に対するまとめ
> iii ）この授業で何を学んだかに対するまとめ

「言語活動の充実」からいえば，iii ）のまとめが大切になる。それは「書くことと話すこと，表現することの訓練」の一環でもある。

第1章　言語活動を充実させるためのポイント　27

近年は教科書にも「言語活動の充実」を目的として生徒の誤答を利用した問題があるが，本来は，生徒が授業場面で発するものである。例えば，二次方程式を因数分解を利用して解く問題に対して，

T　　Aさんが疑問があって，すっきりしないといっています。

A　　$(x+2)(x-2)=6$ を $(x+2)(x-2)=2×3$ と私は両辺ともに因数分解した形にして $(x+2)=2$，$(x-2)=3$ と考え，$x=0$ と $x=5$ と考えました。もとの式に代入したら，$(0+2)(5-2)=2×3=6$ となったので，正しいと思っていました。しかし，答え合わせをしたら，間違っていました。どこが間違っているのですか？

T　　この問題を皆で考え，Aさんが納得できるように説明しましょう。

などから始まる授業展開は考えられる。

　この授業のまとめは何であろう？

　事実・手続きは既習のことであるから，新たに獲得する知識や技能はない。ここにおいてのまとめは，どのような活動をしたのか，今までの学習を鑑みての活動の位置付けである。

　まとめを生徒の言葉に委ねるにしても，
・Aさんの疑問をもとに話し合い，よりよい説明方法を考えたこと
・因数分解を利用して二次方程式を解く方法で，大切なきまりは「AB＝0ならば A＝0 または B＝0 である」であると確認したこと
・次から，自信をもって因数分解を利用して二次方程式を解くことができるようになったこと
を含めたものを，授業のまとめとしたい。それが言語活動の価値付けになる。

7　授業と評価の一体化を図る―評価問題の作成とその解答類型

> 　授業では「結果だけではなく過程を大切に」ということを強調したとしても，テストでは答えだけを重視したり，授業によく参加していなくてもできるようなテスト問題では，授業で強調したことが定着しないのではないか。[16]

という相馬一彦先生（北海道教育大学）の問いかけに共感し，評価問題の改善に取り組んできている。[17]

　この言葉は言語活動についてもいえることである。授業の中で言語活動を充実させ，思考力，判断力，表現力等の育成を図っていたとしても，テストでそれに対応する問題が出題されないならば，生徒は真剣に学ぼうとしない。生徒に記述をさせる問題，言語活動にかかわる問題を定期テストにおいても出題したい。

　筆者が評価問題の改善に取り組み始めた20余年前は，定期テストにおいて，記述式問題を出すことに対して，
　「採点基準はどうするんだ。親から質問が出たらどうするんだ」
と心配される先輩がいた。数学の問題において，証明問題以外の記述式問題，定型がない記述式問題を出題することは市民権が得られていなかった。

　しかし，現在は全国学力・学習状況調査の実施により，数学において思考，判断を問う問題を出題すること，記述式問題を出題することに対し，違和感を抱かれなくなってきている。そして，全国学力・学習状況調査には，参考にすべきよい問題が提示されている。さらに，その問題の解答類型は，大いに参考にすべきである。

第1章　言語活動を充実させるためのポイント　29

筆者の評価問題改善の取組における課題は，採点基準にあった。そして，その答えを，解答類型に見いだした。全国学力・学習状況調査の解答類型は，正答の条件が示され，それをもとに，正答での◎，○，予想される誤答とで，10以内の類型で示されている。構造は，上から順番に答案がどこに当てはまるかという形で，「上記以外の誤答」「無解答」が最後にある。

　この形式を利用して，部分点に関する採点基準を作成することが有効であると考える。調査問題ではないので，生徒にどの部分がたりないかがわかる形で，点数として示すことができるようになる。

　本書では，第2章の実践事例の多くに，この授業を行ったから，評価問題としてこんな問題を出したいという例を示し，その解答類型を示す。これをもとに自分ならと検討をしてもらいたい。

●正の数・負の数の例

評価問題

　　正の数・負の数を用いて計算をすると便利な場面が私たちの身の回りには多くあります。その場面の1つを示し，具体的な計算例を示しなさい。ただし，授業で考えた気温の場面とこのテストの問題にある場面は除きます。

解答類型・採点基準（10点満点として）

解答類型	得点
（正答の条件）	
a　正の数・負の数を用いて計算する場面を示している。	
b　具体的な計算式を示し，説明している。	

（正答例）
スーパーのレシート
スーパーで，500円，830円，400円の品物の買い物で，830円の品物が80円値引きされていたとき，500，830，－80，400とレシートには印字されていて，500＋830＋（－80）＋400の計算をしている。（解答類型1）

1	正答の条件 a，b を満たしているもの。	10点
2	正答の条件 a を満たし，説明はしているが，具体的な計算式が示されていないもの。 （解答例） スーパーのレシート スーパーで，500円，830円，400円の品物の買い物で，830円の品物が80円値引きされていたとき，500，830，－80，400とレシートには印字されて計算されている。	7点
3	条件 a を満たし，説明の記述を試みているが不十分なもの。 （解答例） メーパーのレシート スーパーで買い物をしたとき，レシートに値引きがあったとき，500＋830＋（－80）＋400の計算をしている。	5点
4	条件 a が示されず，式のみ示されているもの。 （解答例） 値引きがあったとき，500＋830＋（－80）＋400の計算をしている。	4点
5	条件 a の場面は示されているが，説明の記述を試みているが不適切なもの。	3点
6	条件 a の場面は示されているが，説明の記述がないもの。	1点
0	上記以外の誤答，並びに無解答。	0点

第1章　言語活動を充実させるためのポイント　31

8　レポート作成を利用する

　平成20年中学校学習指導要領解説数学編では，「数学的活動の指導に当たっての配慮事項（３）数学的活動の成果を共有すること」において，

> 　数学的活動の過程を振り返り，レポートにまとめ発表するなどを通して，その成果を共有する機会を設けること。(18)

としている。

　これを受け，数学でのレポートづくりが，どの教科書でも取り上げられているが，なかなか難しいというのが正直なところではないだろうか。

　レポート作成の利用についてはいくつかの視点があり，まだまだ十分整理されているとはいい難い状況ではあるが，２点示しておきたい。

　まず，レポート課題には，その自由度という視点がある。長期休暇を利用しての自由研究レポートが最も自由度が高い課題といえる。それに対して，明確な問題・テーマに対して自由にアプローチしなさいというレポート作成がある。例えば，

　「線分の３等分の作図方法を考えたり，調べたりしてレポートにまとめなさい」

というものである。自由度が高い方が，レポートとして取り組みやすいように思えるが，自由度が高すぎると，生徒は何をしたらよいかわからず，意欲はあっても動けないということもある。

　数学の自由研究に長年取り組まれた先生から，

　「先輩の自由研究を参考例として，生徒に示すことができるようになってから，取組が加速的に進んだ。先輩のよい例がそろうまで３年はかかった」

というお話を伺ったことがある。自由研究レポート作成の課題とその解決策が，この言葉の中にあると考える。

32

次に，レポートを作成する生徒はだれかという視点がある。

生徒全員に課すレポートなのか，興味のある生徒に課す追究レポートなのか，ということである。興味のある生徒に課した例として，前述した星形 n 角形の追究（p.18）がある。これはすべての生徒に課すべきものではない。数学に興味があり，もっと追究したい生徒に，

「今日考えたことをもとに，さらに追究してみましょう。それをレポートにまとめて見せてください」

と場の提供をしたいものである。クラスの中で1人でもこのようなレポートを作成する生徒がいたなら，すばらしいことではないだろうか。

9 言語活動を支える学習集団をつくる

どのように言語活動を充実させるかを考え，いくつかの指導のためのポイントを示したが，それを支える学習集団づくりができていなければ，それらは何の役にも立たない。

言語活動は，基本的には他者がいて成り立つ活動である。その言語活動が成り立つ，言語活動を支える学習集団が築かれていなければならない。

では，その学習集団はだれが築くのか。中学校で複数クラスの授業を担当していて，

「同じようにやっているつもりだが，同じように授業が進まない」

「とても空気が重い，その改善から図らないと授業にならない」

という経験をした教師は多いだろう。

だからといって，数学の学習を進める学習集団の責任を学級担任に求めるのは筋が違うと考える。学級担任の学級経営は，その学級の数学の学習集団づくりにとっても大きな要素ではあるが，すべてではない。

数学の教科担任が生徒を指導して，きちんと築いていくべきものである。

では，その学習集団で大切にしたいことは何であるか。

いろいろとあげられるだろうが，その第一は，どんなことであっても発言ができることであると考える。

「わかりません」

「教えて」

といえる学習集団でありたいと考える。だから，筆者は学年はじめの授業で，「『わかりません』といえるようになろうね。いえば，わかってほしいと思うから質問もするよ。質問されると辛いかもしれないけど『わかりません』といえるようになろう。ニコッと笑ってわかったふりをして，ごまかす方が楽だけど，勇気を出そうよ」

「間違えた人やわからない人を馬鹿にするような発言をしないでください。その発言は『お前の教え方が悪いから，間違える人やわからない人がいるんだ』と私には聞こえるから。辛いからやめてね」

などと言ってきた。

それぞれの教師が，生徒にどのような学習集団であってほしいかを明確に語り，それを実行していくことが肝要であると考える。そのことで，前述した二次方程式を因数分解を利用して解く問題の例（p.28）のような，生徒の疑問から深める学習がはじめて可能になる。

10　教師が自分の授業を振り返る―ビデオの活用

「最後に，若い先生方へのお願いです。1年に1度は，研究授業をしましょう。授業をビデオに撮り，起稿しましょう」

と，話をする機会をいただいたときにはいつも述べている。

「言語活動の充実」をめざした授業を行っているなら，それが真にねらいを達成しているものなのかを検証したい。

ビデオからの起稿はとてもよい手法である。しかし，辛いものである。それは，それに要する時間ばかりでなく，自分の授業を見ることの辛さがある。逆に，その辛さ，反省があるから，次に生きてくると考える。ぜひ取り組んでほしい。そして，そのビデオと起稿原稿をもとに，仲間と検討したり，信頼できる先生・先輩に指導を受けたりしてほしい。

　ビデオからの起稿は頻繁にできることではないが，次のものなら日々の取組として可能だろう。それは，教育委員会で指導に当たったことのある校長先生の，
　「授業を参観するとき，自分の専門教科については細かな点まで記録をするが，専門外の教科については授業を1分単位で活動の主体が教師であったか生徒であったかを記録することにしている」
という言葉をヒントに作成した，次の図のような記録用紙の利用である。

時間	活動の主体		活動内容とメモ
	教師	生徒	
1分	○		前時の確認の発問
2分		○	発問への解答，ノートに記入
3分		○	〃
4分		○	発問に対する発表
5分	○		本時の問題を提示
6分			

　1時間の授業を1分単位で記録する。その1分間の活動の主体は生徒であったのか，教師であったのか印を付ける。これなら，自分でビデオを見ても1時間で終えることができる。生徒の活動にどれだけの時間が取れているか，「活動内容とメモ」に言語活動にかかわる活動がどれだけ記入できているかなどを確認し続けるならば，授業は劇的に変化をしていくと考える。
　まずは，ここから始めてほしいと願う。

第1章　言語活動を充実させるためのポイント　35

第2章では，第1章を意識した実際の授業例を示す。その中の項目「言語活動充実のポイント」において，「関連」としてここで示した10のポイントとの関連の強い項目を示す。

　その一覧表が次ページのものである。具体的な授業例と結び付けて考えていただければ幸いである。

　なお，表記に当たっては，当然，どの授業においても10のポイントは意識されるべきものであるが，関連の強いものを◎とした。

　一方で，❶教師が明確な意図並びに学習指導計画をもつ，❿教師が自分の授業を振り返る─ビデオの活用は，すべての授業においてされるべきことなので，項目から除いた。

　また，❼授業と評価の一体化を図る─評価問題の作成とその解答類型については，基本的には示してあるが，レポート作成を利用した言語活動の中で，評価問題が適さないものがある。そこで，評価問題が示してあるものについて○をした。

指導のポイント項目と授業例の主たる関連

学年	単元	指導のポイント項目							
		❷ 必要・必然	❸ 3つの柱	❹ てめあたま	❺ 訓練	❻ まとめ	❼ 評価問題	❽ レポート	❾ 学習集団
1年	正の数・負の数		◎	◎	◎		○		◎
	文字の式		◎		◎	◎	○		
	比例・反比例	◎		◎		◎	○		
	平面図形	◎	◎	◎			○		
	資料の散らばりと代表値				◎	◎	○		◎
	自由研究レポート				◎			◎	◎
2年	連立方程式		◎	◎		◎	○		
	一次関数	◎	◎		◎		○		
	図形の性質と証明	◎	◎	◎			○		◎
	確率	◎		◎	◎		○		
	追究課題レポート	◎			◎			◎	
3年	平方根	◎			◎	◎	○		
	二次方程式				◎		○	◎	◎
	関数 $y = ax^2$	◎	◎	◎			○	◎	
	円の性質	◎	◎		◎		○	◎	
	三平方の定理	◎			◎	◎	○		
	課題レポート	◎			◎			◎	

引用・参考文献

（1） モリス・クライン著／中山茂訳『数学の文化史』2011年，p.19，河出書房新社

（2） 文部科学省「『中学校等の新学習指導要領の全面実施に当たって』（文部科学大臣からのメッセージ）について（通知）」2012年
http://www.mext.go.jp/b_menu/hakusho/nc/1318964.htm

（3） 横浜国立大学教育人間科学部附属横浜中学校 FY プロジェクト編『「読解力」とは何か―PISA 調査における「読解力」を核としたカリキュラムマネジメント』2006年，p.9，三省堂

（4） 中央教育審議会初等中等教育分科会教育課程部会「審議経過報告」2006年，p.13

（5） 中央教育審議会「幼稚園，小学校，中学校，高等学校及び特別支援学校の学習指導要領等の改善について（答申）」2008年，p.53

（6） 同 p.55

（7） 同 p.83

（8） 文部科学省「中学校学習指導要領」2008年，p.34
第1　目標
　　数学的活動を通して，数量や図形などに関する基礎的な概念や原理・法則についての理解を深め，数学的な表現や処理の仕方を習得し，事象を数理的に考察し表現する能力を高めるとともに，数学的活動の楽しさや数学のよさを実感し，それらを活用して考えたり判断したりしようとする態度を育てる。

（9） 教育課程部会「児童生徒の学習評価の在り方について（報告）」2010年
http://www.mext.go.jp/b_menu/shingi/chukyo/chukyo3/004/gaiyou/attach/1292216.htm

（10） 文部科学省「中学校学習指導要領解説　数学編」2008年，p.63におけ

る問題解決の形

(11) 鈴木明裕「『事実・手続き』『根拠』『着想』の３つの柱をもとに考えることの提案」2012年，日本数学教育学会誌，第94巻，第７号
鈴木明裕「算数・数学教育における説明し伝え合う活動についての研究―『事実・手続き』『根拠』『着想』の３つの柱をもとに」2011年，岐阜聖徳学園大学紀要（教育学部），第50集

(12) 文部科学省『個に応じた指導に関する指導資料―発展的な学習や補充的な学習の推進（中学校数学編）』2003年，p.27，教育出版

(13) 鈴木明裕・小林永児「算数・数学科の学習指導における『て・め・あたま』についての研究」2014年，岐阜聖徳学園大学教育実践科学研究センター紀要，第14号

(14) 文部科学省「中学校学習指導要領解説　数学編」2008年，p.157

(15) 鈴木明裕「算数・数学科問題解決型授業を考える」2013年，岐阜聖徳学園大学教育実践科学研究センター紀要，第13号

(16) 相馬一彦『数学科「問題解決の授業」』1997年，p.106からの引用ではあるが，同様の主張は以前からされている，明治図書

(17) 鈴木明裕「中学校における Do Math の学習指導についての研究―評価を中心に」2001年，日本数学教育学会誌，第83巻，第３号を始めとして折々に示している

(18) 文部科学省「中学校学習指導要領解説　数学編」2008年，p.169

○文部科学省「言語活動の充実に関する指導事例集～思考力，判断力，表現力等の育成に向けて～【中学校版】」2011年
○『数学教育』『特集　誌上研究授業「言語活動の充実」』2013年，明治図書

第2章
言語活動プラン＆評価問題

　第2章では，第1章を意識した実際の授業例を示す。第1章で示したように，数学の授業における「言語活動の充実」は，思考力，判断力，表現力等の育成を行うための手立てとして取り組むものであり，言語活動を行うことが目的ではない。そのことに留意して，次の項目をもとに示していく。

授業の目標　　：学習指導案などにおいて示される授業の目標を示す。

教材について：授業の主問題について，授業で意図する数学的活動，授業展開例で示し切れない部分の説明などを示す。

言語活動充実のポイント：第1章の10項目との関連，授業を行うときの「言語活動の充実」からの留意点などを示す。

授業展開例　：T－S形式で，授業場面の切り取りを示す。

評価問題　　：このような評価問題を出題したいという例を示す。その内容は，評価問題，出題の意図，解答類型・評価基準である。解答類型・評価基準では，その問題を10点満点として正答の条件，部分点案を示す。

※ただし，レポート作成を利用した言語活動の指導は別項目を立てて示す。

1年

負の数でもたし算ができるの？
正の数・負の数

1　授業の目標

正の数に負の数をたすことの意味並びにその計算の方法について理解する。

2　教材について

　　下の表は，日曜日の最高気温と各曜日の最高気温との違いを1週間表にしたものです。この表からどのようなことが求められますか。

日曜日の最高気温　13℃

曜日	月	火	水	木	金	土
違い	−2	+3	+1	−6	−1	+5

　正の数・負の数の導入で用いた気温に関する問題である。「どのようなことが求められますか」という問いに対し，「1週間のそれぞれの曜日の最高気温」「この週の最高気温」「今日とこの週の最高気温との差」「前日との気温差」「最高気温の平均」などという発言を引き出すことができる。

　それぞれの値を求める場面を考えると，そこには正の数・負の数の加法，減法がある。

　1週間のそれぞれの曜日の最高気温：13＋（−2），13＋（＋3），…

　今日とこの週の最高気温との差：木曜日の場合　（＋5）−（−6）

　このように，どのような場面で正の数・負の数の加法，減法を用いること

42

ができるのかを知るとともに，その計算の方法を考えていく思考の材料がここにはある。そのことにより，計算の方法を知り，覚えるというものでなく，今までの学習と結び付け，当然の帰結として計算の方法を理解させる。

3　言語活動充実のポイント〔関連：③　④　⑤　⑨〕

　正の数・負の数の計算について考えていくとき，その意味とその方法の両方にかかわることが一緒に出てくる。また，計算の方法については，その手続きについての議論と根拠に関する議論が混在し，話は盛り上がるが，それぞれが点でしかなく，線として結び付けることができず，結局は結論のみを覚えることになりかねない。

　これでは，思考力，判断力，表現力等が育成されたとはいい難い。特に，数学が苦手な生徒にとっては，「結局は方法を覚えろというなら，余分な話し合いはいいから早く結論を教えてよ」ということになりかねない。

　この授業で言語活動を充実させるためには，教師による適切な話し合いの交通整理が必要である。具体的には，
・今，何について話し合っているのか，事実・手続きなのか，根拠なのかを明らかにさせる
・今までの話し合いで，何がわかって共通理解ができているのか，何がまだわかっていないのかを明らかにさせる
・アイデアはよいが，説明し切れていない発言を次の生徒へとつなげ，話し合いが深まるようにする
・素朴な疑問，つぶやきに耳を傾け，全体の問題として取り上げる
・説明をする場を自席から互いの顔が見える場（教室の前など）へ移動したり，図やキーワードを板書することを促したりして，よりよく説明するようにさせる
などがある。

第2章　言語活動プラン＆評価問題　43

4 授業展開例

〔問題提示，表から求められるものを発表した後〕

T この表から求められそうなものとして，いろいろ出てきました。どれから調べていきましょうか？

S1 1週間のそれぞれの曜日の最高気温がいいと思います。それがわかると，他のものも求めやすくなると思います。

T では，1週間のそれぞれの曜日の最高気温を求めてみましょう。

〔個人解決〕

T では，月曜日から自分の考えを話してください。

S2 私は，月曜日は日曜日の最高気温の13から2をひいて「+2℃低い」と考えて，13−2＝11と考えました。

S3 僕は，13+（−2）＝11としました。

S この式はどういうこと？

S3 表から月曜日は日曜日の最高気温より「−2℃高い」ということだから，その言葉通りに式にしました。

T 計算結果が11になるかはまず置いておいて，13+（−2）という式に表されることは納得できますか？

S OK，OK。

T 13+（−2）という式に表されることは認めてくれたけど，これは新しい式だよね。どんなところが新しい？

S4 小学校までは正の数の計算だけだったけど，計算の式の中に負の数がある。

S5 火曜日を考えると，13+3となる。月曜日も火曜日も同じように日曜日と比べ，どれだけ高くなったかを考えた式だから，13+（−2）とすればいい。

T S4さんは新しい式の形であるという事実をいってくれました。S5さんは「それでいいよ」という理由を話してくれましたね。では，次

に，S3さんは13＋(－2)が11になるといいましたが，これが正しいのか，正しくないのか，それについて考えましょう。
S6　S2さんの考えで，11でいいと思います。
S7　たし算とひき算は入れ替えても一緒。
S　　えー，どういうこと？
T　　S7さんはすごいことをいい始めましたね。S7さんの話の考えが「わかるよ」という人は続きを説明してください。
S8　前の時間にやったことを黒板に書いてもいいですか？
T　　どうぞ。黒板に書いて説明してください。
S8　S2さんがいった13－2という式が，前の時間に学習した反対の性質をもつ量を負の数を使って表すことから出てきます。だから，13＋(－2)と13－2の計算の答えは同じになるはずです。だから，11でいいです。

> 13℃より－2℃高い⇒13＋(－2)
> 13℃より＋2℃低い⇒13－2

S9　＋がなくなっちゃったけどいいの？　反対の符号になるなら，13－(＋2)じゃないの？
T　　なるほど，S8さんは前の時間に学習したことをもとに理由を説明したんですね。そしたら，S9さんから新たな疑問が出てきましたね。
S10　これも前に学習したことだけど，数直線を使って考えるとうまくいくよ。13を基準として，＋2なら右に2個進みます。－2なら左に2個進みます。だから，13－2＝11という計算になります。

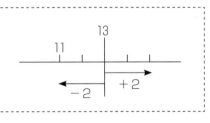

T　　S7さんの話をもとに話が進みましたが，ここで一度皆が「わかった」「納得した」ということと「まだよくわからない，納得できていない」ということを整理しましょう。そこから，次に進みましょう。

(以下略)

5 評価問題

正の数・負の数を用いて計算をすると便利な場面が私たちの身の回りには多くあります。その場面の１つを示し，具体的な計算例を示しなさい。ただし，授業で考えた気温の場面とこのテストの問題にある場面は除きます。

①出題の意図

授業において「どのようなことが求められますか？」という問いを発し，いろいろな場面で，正の数・負の数の加法，減法を用いるとよりよく表現できたり，よりよく計算できたりすることを学んでいる。

また，単元「正の数・負の数」では導入に始まり，折々に具体的事例と結び付けて学んできている。それらと結果としての計算の方法とを結び付けているかを問う。それにより，計算の意味を理解しているかをみる。

②解答類型・採点基準（10点満点として）

解答類型	得点
（正答の条件） *a* 正の数・負の数を用いて計算する場面を示している。 *b* 具体的な計算式を示し，説明している。 （正答例） スーパーのレシート スーパーで，500円，830円，400円の品物の買い物で，830円の品物が80円値引きされていたとき，500，830，－80，400とレシートには印字されていて，500＋830＋（－80）＋400の計算をしている。（解答類型１）	
1　正答の条件 *a*，*b* を満たしているもの。	10点
正答の条件 *a* を満たし，説明はしているが，具体的な計算式が示されてい	

46

2	ないもの。 （解答例） スーパーのレシート スーパーで，500円，830円，400円の品物の買い物で，830円の品物が80円値引きされていたとき，500，830，－80，400とレシートには印字されて計算されている。	7点
3	条件 a を満たし，説明の記述を試みているが不十分なもの。 （解答例） スーパーのレシート スーパーで買い物をしたとき，レシートに値引きがあったとき，500＋830＋（－80）＋400の計算をしている。	5点
4	条件 a が示されず，式のみ示されているもの。 （解答例） 値引きがあったとき，500＋830＋（－80）＋400の計算をしている。	4点
5	条件 a の場面は示されているが，説明の記述を試みているが不適切なもの。	3点
6	条件 a の場面は示されているが，説明の記述がないもの。	1点
0	上記以外の誤答，並びに無解答。	0点

　このような問題では，クラスによって，答案の傾向が明確に表れる。何かというと，授業の中で自分の考えたことにこだわりをもって（よい意味で）それを解答とする生徒も何人かいるが，そのクラスの授業で取り上げられた事例，より深く話し合いをした事例を取り上げて解答する生徒が多い。

　当たり前といえば当たり前のことではあるが，いかに授業が生徒にとって重要なものであるかを再認識する。また，そうあるように授業をし，評価をしていくことが重要であると考える。

第2章　言語活動プラン＆評価問題　47

1年 文字の式でも計算ができるの？
文字の式

1　授業の目標

文字を用いた式で表すこと，それを計算することの意味とよさを理解する。

2　教材について

> 　下の図のように，机（□）を1列に並べて，その周りに椅子（○）を置いて座れるようにします。
>
>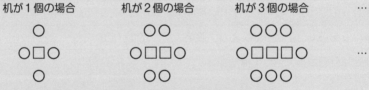
>
> （1）机が5個のとき，椅子はいくつ必要ですか。
> （2）机が n 個のとき，椅子はいくつ必要ですか。

　文字の式の導入では，マッチ棒で正方形をつくる場面，紙をマグネットで貼る場面，机の周りに椅子を置く場面などいろいろな場面を利用して，数量関係を多様な考えをもとに文字で表すことをする。
　しかし，その段階では，多様な考えをもとに出された式を，同じものとしてまとめることはできないので，今後の課題となる。今後の課題としたのだから，決着を付けたい。それが，本時の問題である。そうすることで，文字の式を学んだことによって，自分たちは何ができるようになったのかを明確にすることができる。そして，文字の式を用いることのよさを感得させたい。

本時の問題は，導入として机と椅子の関係をもとにした問題を取り上げたことを受けてのことである。このような導入問題から，机が n 個の場合を考え，文字を用いていろいろな式表現をし，それぞれに意味があることを理解させている。

　授業では，それぞれの意味をもとに表現された式が，文字の式の計算を学んだことで，同じ式として表現されることを確認する。また，そのときに，どのような計算の規則にしたがっているのかを表現させることで，計算の手続きと根拠を確認する。

3　言語活動充実のポイント〔関連：③　⑤　⑥〕

　この授業は，単元の導入とつなぎ，単元のまとめとするものである。だから，授業のまとめとして，どのようなことを明確にさせたいのかを明らかにしておく必要がある。生徒一人ひとりに文字の式の学習を通して学んだこと，文字の式の学習で感じたことを書かせ，よさの感得へとつなげたい。

　そのために，単にいろいろな形で表現された式を計算して同じであることを確認するだけでなく，文字の式で学習した手続きと根拠をノートに書く作業で確認させる。

　本時では，説明し合うことで練り上げるというより，確認をする部分が多い。だから，言語活動としても，話し合いの場面より，個人解決でノートに記述する活動に重点を置きたい。しかし，それだけでは授業の目標とする文字の式のよさの理解に至らないことも想定される。だから，一人ひとりがノートへの記述を終えた段階で，複数の生徒にノートに記述した内容を発表させ，自分のたりないところを補充したり，自分と違う視点を受け入れたりするようにさせる。そのことにより，言語活動を充実させていく訓練としたい。

　評価問題は，直接この授業の中で扱ったものではないが，手続きの確認という面でのつながりと，教室内でよく見かける言語活動の場面が表出されるという形で，授業と評価の一体化を図るものである。

第2章　言語活動プラン＆評価問題　49

4　授業展開例

T　文字の式の学習で，一番はじめに考えた問題を覚えていますか？

S1　机と椅子の問題でした。

T　机と椅子の問題では，机の数を n としたとき，椅子の数はいくつになるかということを考え，その数え方により，いろいろな式が出てきました。

S2　はじめの4つを除くと，机が1つ増えるごとに椅子が2つずつ増えると考えて，$4+2×(n-1)$ としました。今なら，$4+2(n-1)$ です。

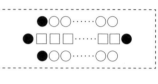

S3　私は，両側に2つ付いているので，$2n+2$ としました。

S4　半分で考えると，椅子が机より1つ多いと考えられるので，$2(n+1)$ というのもありました。

S5　こんなのもあったよ。●は $3×2$ 個，○は $n-2$ の2倍で $2(n-2)$ だから，$3×2+2(n-2)$ です。

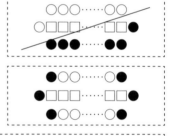

S6　すごいのは，机に4つずつ椅子を置いておいて，余分なものをひくという考えで，$4n-\{(n-1)×2\}$ というのもありました。

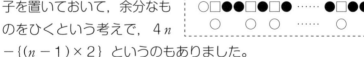

T　同じものを表しているのに，数え方を考えると，いろいろな式表現が出ましたよね。でも，式表現は違っても，同じものを表しているんだよね。整理をしましょう。

S7　今，式表現は $4+2(n-1)$，$2n+2$，$2(n+1)$，$3×2+2(n-2)$，$4n-\{(n-1)×2\}$ の5つです。

T　これまでに学習したことを使って，すべて同じといえますか？　それ

は学んだ何をもとにしているかも，ノートに書きましょう。また，この追究で感じたことや文字の式を学んで感じたことを書きましょう。

〔個人解決〕（期待するノートへの記述）

---

①$4+2(n-1)=4+2n-2$　項が2つ以上の式に数をかける
　　　　　　　　　　$=2n+2$　数の項を計算する

②$2n+2$

③$2(n+1)=2n+2$　項が2つ以上の式に数をかける

④$3×2+2(n-2)=6+2n-4$　項が2つ以上の式に数をかける
　　　　　　　　　　　　$=2n+2$　数の項を計算する

⑤$4n-\{(n-1)×2\}=4n-\{2n-2\}$　（　）を外す
　　　　　　　　　　　$=4n-2n+2$　$\{$　$\}$を外す
　　　　　　　　　　　$=2n+2$　文字の部分が同じ項をまとめる

　①～⑤まで，簡単にすると全部$2n+2$となったから，すべて同じといえる。

　文字の式を学んだことにより，今までは別々のものだと思っていた式が，すべて同じだということがわかった。文字の式を学んでよかったと思うし，これからも使っていきたい。

　文字の式を学んだことで，いろいろな式を簡単な形に直すことができ，同じか同じでないか判断できるようになった。しかし，簡単にする前の式にも意味があり，それも大切にした方がよいと思った。

T　では，ノートに書いたことを，何人かの人に発表してもらいましょう。
　　まずは調べたこと，次に感じたことという順で話をしてください。

（以下略）

第2章　言語活動プラン&評価問題　51

5　評価問題

アッチャンがイッチャンに，自分の解答の間違いをどう直したらよい
か相談しています。

アッチャン　（　）のある文字の式の計算で，いつも間違えるんだけど，
　　　　　　どこがいけないのかな？

イッチャン　$(3x-4)-(7x+6)$ を解いてみて。

アッチャン　$(3x-4)-(7x+6)=3x-4-7x+6$
　　　　　　　　　　　　　　　　　　$=-4x+2$

イッチャン　なるほど，では $(3x-4)-2(7x+6)$ も解いてみて。

アッチャン　$(3x-4)-2(7x+6)=3x-4-14x-12$
　　　　　　　　　　　　　　　　　　　　$=-11x-16$

イッチャン　こちらの方の問題は，間違えないんだね。

　　イッチャンはアッチャンにどのようなアドバイスをするとよいか示し
なさい。

①出題の意図

　アッチャンのように，一見複雑に見える「項が２つ以上の式に数をかけ
る」問題はできるが，「かっこを外して簡単にする」問題で誤るという生徒
は実際に多くいる。このような生徒が友人にアドバイスを求めるという場面
は，実際の教室内でよく見かける。それをそのまま問題にすることで，説明
し伝え合うことができるかを問う。

　評価問題の作成に当たり，生徒間の会話形式を用いること，誤答へのアド
バイスを求めることは，いろいろな場面で活用できる。

②解答類型・採点基準（10点満点として）

解答類型	得点
（正答の条件） a　誤答の部分「－6とすべきところを＋6」としていることを示している。 b　誤答の原因が，（　）の前の－の処理にあることを示している。 c　「項が2つ以上の式に数をかける」ことができていることを生かして，－（　）では－1（　）と考えればよいことを示している。 （正答例） －$7x$－6とするべきところを－$7x$＋6として，間違っています。その原因は，（$7x$＋6）の前にある－処理を間違えているからです。（$3x$－4）－2（$7x$＋6）の計算はできているので，そのときと同じように，（　）の前に1が隠れていて，$7x$と＋6に－1をかけると考えると，間違いなく計算できるよ。（解答類型1）	
1　正答の条件 a，b，c を満たしているもの。	10点
2　正答の条件 a，b を満たしているが，c のアドバイスが事実のみの記述になっているもの。 （解答例） －$7x$－6とするべきところを－$7x$＋6として，間違っています。その原因は，（$7x$＋6）の前にある－の処理を間違えているからです。（　）の前が－のときは，（　）の符号を変えたものの和として表します。	7点
3　正答の条件 a，b を満たしているが，c を満たしていないか未記入のもの。	5点
4　正答の条件 a，c を満たしているが，b を満たしていないか未記入のもの。	5点
5　正答の条件 b，c を満たしているが，a を満たしていないか未記入のもの。	5点
6　正答の条件 a のみの記入。	3点
7　正答の条件 b のみの記入。	3点
8　正答の条件 c のみの記入。	3点
0　上記以外の誤答，並びに無解答。	0点

第2章　言語活動プラン&評価問題　53

1年 数量関係をどうやって調べたらいい？

比例・反比例

1 授業の目標

グラフをかくことによって数量関係が見えてくることを体験することで，関数における式，表，グラフのそれぞれのよさを理解する。

2 教材について

下の表は，ある4つの実験をした結果をまとめたものです。

実験は，x 分のときの値 y を読み取る形で行い，値は四捨五入して小数第1位まで求めましたが，測定するのを忘れた時間があります。

4分，7分のときの y の値を求めなさい。

実験1

x	2	3	6	8	9	12	14	15
y	18	12	6	4.5	4	3	2.6	2.4

実験2

x	2	3	6	8	9	12	14	15
y	4	6	12	16	18	24	28	30

実験3

x	2	3	6	8	9	12	14	15
y	0.3	0.5	1	1.3	1.5	2	2.3	2.5

実験4

x	2	3	6	8	9	12	14	15
y	3	2	1	0.8	0.7	0.5	0.4	0.4

生徒自らがグラフをかいて考えたいと思い，「先生，グラフをかいてもいいですか？」「グラフ用紙はありませんか？」という言葉を発する問題を提供したいと常に考えてきている。

数学の教科書では，グラフは式との関係から展開されることが多い。そのため，グラフのよさが理解されにくく，グラフは「グラフをかきなさい」「グラフから式を求めなさい」と問われるものとしか感じていない生徒がいる。しかし，グラフは理科を始めとする他教科や身の回りの事象を理解するために活用されているものである。

　この教材は，特別なこと，大がかりなことをすることなく，数値の工夫，設問の工夫でその隙間を埋めようとするものである。実験１，２においては，グラフをかかなくても，既習の活用により，表もしくは表からの式によって４分，７分のときのyの値を求めることができる。この確認の後，表を眺めているだけでは式がつくれないことに気付かせる。

3　言語活動充実のポイント〔関連：②　④　⑥〕

　この授業での一番のポイントは，生徒から「グラフをかいてもいいですか？」「グラフ用紙はありませんか？」という発言を引き出すことである。そのために，授業のはじめからグラフ用紙を配付したり，グラフ欄を用意した学習プリントを準備したりすることは避けたい。

　この授業では，「言語活動の充実」を図るため，特に次のことをポイントとしたい。

・生徒になぜ比例や反比例とみなしてよいかを説明することの必要性，必然性を感じさせるようにする。そのための問題における数値設定である。

・数量関係を明らかにしていく手法として，「あたま」に当たる式ばかりでなく，「て」「め」に当たるグラフのよさを理解させる。「グラフをかいてもいいですか？」という生徒の発言は，「て」「め」の重要性に気付いた言葉である。

・本時において，新たに獲得した知識や技能はないが，学習のまとめとして，式，表，グラフにはそれぞれのよさがあり，そのよさを活用していくことを学んだことを明確にさせる。

第2章　言語活動プラン＆評価問題　55

4 授業展開例

〔実験１，２のときの４分，７分の y の値を確認した後〕

T 実験３，４についても，実験１，２と同じように求められますか？

S１ 実験３でも同じように考えたんだけど，うまくいかない。x の値が２から６，８，12と３倍，４倍，６倍となると，それに伴って y の値も変わるけど，３倍，４倍，６倍にはなっていない。

S２ でも，x の値が３から６，９，12，15と２倍，３倍，４倍，５倍となると，それに伴って y の値は２倍，３倍，４倍，５倍になっているよ。

T S１さんとS２のいっていることを合わせて，整理してください。

S３ x の値を n 倍すると，y の値も n 倍になるという比例の性質が成り立っている部分と，成り立っていない部分がある。

T すべてに成り立っている，全く成り立っていないというならすっきりするね。悩ましいね。先に実験４についても話をしてもらいましょう。

S４ 実験４についても実験３と同じで，x の値を n 倍するとそれに伴って y の値が $\frac{1}{n}$ 倍になっているところと，なっていないところがある。だから，反比例と見ていいのか，反比例と見ていけないのかわからない。

T 悩ましいね。どうやって調べたらいいでしょう？　それぞれもう少し追究しましょう。

S グラフをかいてもいいですか？

S グラフ用紙はありませんか？

S そっか，グラフをかいて点の並び方を見るという方法があった。

〔個人解決〕

T では，調べた結果をもとに話し合いを進めましょう。

S５ グラフに点を取って，どのように点が並んでいるか見てみることにしました。実験３の方は何となく一直線上に並んでいるように見えます。

S６ 理科の学習で，何となく定規をあてて一直線上に並んでいるようにし

たことがある。

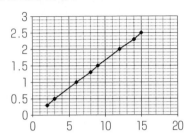 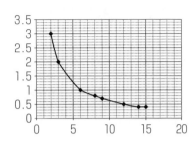

S7　実験4の方は，明らかに一直線上に並んでいないけれど，点と点を結んでいくと，反比例のグラフ，双曲線っぽい感じに見えるよ。

S8　もとの表の値は実験結果で，四捨五入して小数第1位までしか求めていないから，誤差が当然あるよね。

S9　実験1でも，xの値が14のときは，$y=\dfrac{36}{x}$ という式から考えると$\dfrac{18}{7}$だけど，四捨五入しているから2.6になっている。

S10　なるほど，実験3の関係は，グラフの形が直線と見ることができることから，比例とみなす。すると，比例定数$\dfrac{1}{6}$の比例といえる。

S11　わり切れない表の値だけを見ていたから，関係がわからなかったんだ。

S12　実験4も同じように，反比例のグラフとみなすと，$y=\dfrac{6}{x}$ という式が得られる。ここまでわかれば，4分，7分のときのyの値を求めることは簡単だ。

T　ここまでの話し合いでわかってきたこと，大切なことを今日の学習のまとめとして整理しましょう。まとめたことを発表してください。

S13　今日私たちはグラフをかくことで数量関係が見えてくることを体験しました。そして，式，表，グラフにはそれぞれのよさがあるので，そのよさを活用して数量関係を見るようにするとよいことを学びました。

T　今日何を学んだかがよくわかる，よいまとめですね。

5　評価問題

> 　比例，反比例のグラフを利用するよさについて，次のア～エの中から正しいものをすべて選びなさい。
> ア　実験などで得た値をグラフにすることで，比例，反比例とみなしてよいかわかる
> イ　2つ，3つという少ない値からでも，グラフの線の形から比例，反比例とみなしてよいかわかる
> ウ　複数の関係を比較するとき，グラフにして比べるとわかりやすい
> エ　グラフにすることで，細かい数値まで正確に読み取ることができる

①出題の意図

　グラフをかくことのよさを学んだので，そのことを問いたい。しかし，「グラフを用いることのよさを示しなさい」とすると，煩雑になる面もある。そこで，よさとして確認しておきたいことを選択肢とした問題を作成し問う。

　「言語活動の充実」を図った授業を受けてといっても，すべて記述式の問題にする必要はない。短答問題や選択問題の利用も考えていきたい。

②解答類型・採点基準（10点満点として）

	解答類型	得点
1	ア，ウを選択しているもの（余分なものを選択していない）。	10点
2	アもしくはウのみを選択しているもの。	5点
3	ア，ウを選択し，イもしくはエも選択しているもの。	4点
4	アもしくはウを選択し，イもしくはエも選択しているもの。	3点
5	アもしくはウを選択していないもの。	0点
6	ア，イ，ウ，エすべて選択しているもの。	0点
0	上記以外の誤答，並びに無解答。	0点

1年 作図の手順を言語表現してみると？
平面図形

1　授業の目標

　基本的な作図の方法の手順を順序よく説明する活動を通して，それらの共通点を見いだし，相互の関係を明らかにする。

2　教材について

> 　次の場合について，直線 XY に垂線を作図しなさい。
> 　次に，その作図の手順を，箇条書きで示しなさい。
> （1）直線 XY 上の点 P を通る垂線 PR
> （2）直線 XY 上にない点 Q を通る垂線 QR

　教科書では垂直二等分線の作図，角の二等分線の作図，2つの垂線の作図と順々に出てくるが，それぞれの関係を総合的に分析して共通点を見いだし，相互の関係を明らかにすることはされていない。数学が得意な生徒は，自分で「よく似ているなあ」「同じことをしているだけだよな」と関係を見いだせるかもしれない。しかし，得意でない生徒は，4つの方法を一生懸命覚えるということになる。これでは，数学のよさや楽しさは感じられない。
　そこで，作図の復習問題から始め，その手順を言語で表現させる。

(1)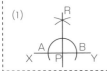
①点 P を中心とする円をかき，直線 XY との交点を A，B とする
②点 A，B をそれぞれ中心として，等しい半径の円をかく
③その交点の1つを R として，直線 PR を引く

(2) 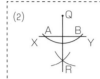 ①点Qを中心とする円をかき,直線XYとの交点をA,Bとする
②点A,Bをそれぞれ中心として,等しい半径の円をかく
③その交点の1つをRとして,直線QRを引く

　そうすると,図では違うように見えていたものが,同じに見えてくる。はじめは練習問題・確認問題であったものが,途中から追究すべき新たな問題となってくる。
　そのことにより,教師に「次に○○をしなさい」と指示されなくても,生徒は「線分の垂直二等分線や角の二等分線についても調べてみたい」と言葉を発し,追究をし,自分たちで相互の関係を見いだしていくことが期待できる。ここに,言語で表現してみることのよさがある。

3　言語活動充実のポイント〔関連：②　③　④〕

　この授業では,まず,手順を言語表現すること自体を問題としていることを明確に意識させることが重要である。そして,それが作図という操作と言語を結び付けた活動であること意識させたい。
　次に,作図方法がこれでよいことは既習であること,本時は手続きの確認と振り返りであることを明確にさせる。そして,練習問題のつもりであったのが,追究すべき問題であることを感じ,必要性,必然性を感じて言語活動に取り組むようにさせることが重要である。
　ここで,教師の役割として,言語活動がスムーズに展開できるように使用する記号の統一をすることがある。生徒に任せる部分と,その後の言語活動に向けて整理しておく部分を意識して指導することが,その後の授業展開において重要なポイントになる。

4 授業展開例

〔問題提示〕

T　これは今までの復習です。まず，手順を意識して作図をしましょう。次に，その手順を箇条書きでノートに書きましょう。

〔個人解決，個人解決の中で指名して解答を板書させる〕

T　2つの垂線の作図と手順を確認してください。きちんとかけていましたか？　まず，そこが大事だよね。さて，次にかいていて，眺めていて，気付いたことはありますか？

S　あ！

S　図は違うのに。

S　おもしろい。

T　いろいろな言葉が出てきていますね。発言として，話してください。

S1　垂線を引く直線 XY 上に点がある場合も，ない場合も，手順を箇条書きにすると，点の名が P と Q で違うだけで全く同じです。

S2　今まで別々の作図の方法だと思っていたのに，手順を言葉で表すと，同じになりました。そのことに，すごく驚きました。

T　皆すばらしいことに気付きましたね。教科書にははっきりと「同じですよ」と書かれていないことに気付くことができました。だったら…

S　ちょっと待ってください。

S　自分たちでやりたいなあ。

T　何を待つのかな？　何を自分たちでしたいのかな？

S3　垂線の作図の他に学習した線分の垂直二等分線の作図や角の二等分線の作図についても，同じように手順を見比べることで似ているところが見つかるかもしれない。それを調べる時間がほしいです。

T　では，その時間を取りますが，その後の話し合いをスムーズに行えるように，使用する記号を一緒にしておきましょう（作図の略図を示し，それぞれの点の記号を明示する）。そして，どこが同じで，どこが違

うのか，違いはどうして起きているのかをノートにまとめましょう。
〔個人解決，作図並びに手順の発表・板書〕

線分の垂直二等分線　　　　　　　角の二等分線

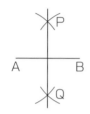 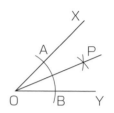

①線分の両端の点A，Bをそれぞれ中心として，等しい半径の円をかく
②その交点をP，Qとして，直線PQを引く

①O点を中心とする円をかき，直線OX，OYとの交点をそれぞれA，Bとする
②点A，Bをそれぞれ中心として，等しい半径の円をかく
③その交点の1つをPとして，直線OPを引く

S　　すごい！
S　　ところどころ言葉は違うけど，ほとんど同じだ。
T　　どこが同じで，どこが違いますか？
S4　私は，同じ言葉の部分に〜〜を引いてみました。
S5　垂直二等分線の①と二等分線の②は，全くといっていいくらい同じだ。
S6　②と③も，1つの点がはじめから決まっているかいないかの違いだよ。
S7　二等分線でも「その交点をP，Qとして，直線PQを引く」でいいんじゃないの？　直線PQを引いてみると，点Oを通っているから。
T　　おもしろい見方も出てきましたね。本当に点Oを通っているでしょうか？　また，垂線の作図との関係はどうでしょうか？　話し合いを進めましょう。

(以下略)

5 評価問題

次の①〜③は，下の図のような△ABCに，ある直線を作図した手順です。作図した直線が何か答えなさい。
①頂点Bを中心として，半径ABの円をかき，辺BCとの交点をPとする。
②頂点A，点Pをそれぞれ中心として，等しい半径の円をかく。
③その交点の1つをRとして，直線BRを引く。

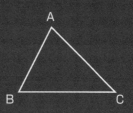

①出題の意図

授業では，作図の手順を箇条書きという形で言語に表した。評価問題では，逆に箇条書きで示された手順をもとに，何が作図されているのかを判断することを問う。このことにより，図と言語との相互の関係を理解し，結び付けて考えることができているかをみる。

②解答類型・採点基準（10点満点として）

	解答類型	得点
1	「∠ABC（∠B）の二等分線」と解答しているもの。	10点
2	「二等分線」と解答しているもの。	7点
3	「∠ABCの」まで解答しているもの。	2点
4	「∠BACの二等分線」や「∠ACBの二等分線」と解答しているもの。	2点
5	「∠ABCの垂直二等分線」と解答しているもの。	0点
6	垂直二等分線，垂線，平行線など誤った直線を解答しているもの。	0点
0	上記以外の誤答，並びに無解答。	0点

1年 母への言い訳を考えよう
資料の散らばりと代表値

1 授業の目標

　平均値，最頻値，中央値の3つの代表値の特徴を理解し，それを用いて日常の事象について説明することができる。

2 教材について

　アッチャンのお母さんは，テストが返却されると「皆はどうだったの？」とすぐに聞きます。そして，皆より悪いとなるとひどく怒ります。お母さんがいう皆というのは，アッチャンの4人の友達と近所に住んでいる4人の同級生のことです。

　今回の数学のテストで，アッチャンと友達並びに近所の同級生の点数は次の結果でした。アッチャンは，お母さんに怒られないように，どのように説明したらよいでしょうか。

アッチャン	友達				近所の同級生			
	イッチャン	ウッチャン	エッチャン	オッチャン	タッチャン	チッチャン	ツッチャン	テッチャン
58	100	48	56	54	68	62	53	45

　近年はいろいろな事柄への配慮から，生徒に示すデータ選びも難しい面があるが，諸条件が整い，許されるなら，生徒にとってこれほど身近な問題はないだろう。そして，その解決に数学で学んだことが利用できることに感嘆すら覚えるのではないだろうか。

この問題では，データが同じであっても，代表値の選び方，示し方によって，説明が異なってくる。めざすところは同じであっても，いろいろな説明が共存するというおもしろさがある。生徒一人ひとりが自分の考えをもって，他人の考えに耳を傾け，互いに説明に共感できる場面をつくることができる。

3 言語活動充実のポイント〔関連：⑤ ⑥ ⑨〕

「言語活動の充実」として，ペア学習や少人数での話し合い活動を取り入れることが近年多々ある。それらはメリットも多く，悪いことではないが，本当に「言語活動の充実」へとつながっているかというと，疑わしい場面もある。意図的なグループ編成により，数学が得意な生徒に遅れがちな生徒の面倒をみさせているだけではないのかと疑問を投げかけたくなることがある。また，ペア，少人数にするデメリット，教師の目がすべてに行き届かないことへの対応も考えておかなければならない。ここでもやはり，教師の思考力，判断力，表現力等の育成へ向けた明確な意図をもった言語活動であることが肝要となる。本時では，生徒一人ひとりが違う答えをもつことができる。違う説明であってもよいという特徴を生かし，ペアもしくは少人数での話し合い活動を取り入れる。1つの解答が正解ではないので，相手の考えをよく聞き，理解をするという活動が重要になる。ここで，教師の目が行き届かないというデメリットへの対応である。その方法として，

・1番最初に，相手の説明がよくわからない，自分で判断できなかったことを取り上げること
・次に，相手の説明が大変よく，皆にも聞いてほしいという説明を推薦させること

を提案したい。そのためには，その発言を許す学習集団づくりが極めて重要である。また，本時では，今学んでいる数学を身近な事象に利用できることを実感させることを期待している。そのため，授業のまとめにおいて明確に意識させるように教師が促したい。

第2章　言語活動プラン＆評価問題　65

4 授業展開例

〔問題提示，個人解決の後〕

T　では，隣の人，周りの人とアッチャン，アッチャンのお母さんになっ
　　たつもりでそれぞれ説明をしてください。お母さん役になったときは，
　　納得できたか，納得できなかったか，またはよくわからなくて自分で
　　は判断できないかアッチャン役の人に伝えてください。では，はじめ。

S　（周りの生徒と互いに説明し合う）

T　互いに説明できたようですね。まずは，隣の人の説明で納得していい
　　のかいけないのかよくわからない，自分で判断できなかったので，皆
　　に聞いてほしいという人から発言しましょう。

S1　S2さんの説明には，共感する部分があるのですが，本当にそんなふ
　　うに平均値を計算していいのかわかりませんでした。

S2　私は平均値をもとに考えました。アッチャンと近所の同級生の5人の
　　平均値を考えると，57.2点でアッチャンは平均点より上ですが，アッ
　　チャンと友達4人の平均値63.2点や9人全員の平均値60.4点と比べる
　　と，平均点より悪くなります。この原因は，イッチャンが1人だけ
　　100点を取っているからです。イッチャンはいつもいい点を取ってい
　　る人なので，イッチャンを除いて平均値を考えてもお母さんは怒らな
　　いと思うから，アッチャンと友達3人の平均値を54点，8人の平均値
　　を55.5点と考えれば，アッチャンはどちらも平均点より上ということ
　　で，「皆よりよかったよ」とお母さんにいえると考えました。

T　S1さんの困っているところを共感できたという人いますか？　いま
　　すね。話してください。

S3　S1さんは，S2さんが平均値を求めるのにイッチャンを除いたとこ
　　ろがよくわからなかったのだと思います。

S4　私も同じで，イッチャンを除きたい気持ちはよくわかるけど，そうし
　　たら自分よりいい点の人を勝手に除いてもいいのかということになる

と思います。

T では逆に，Ｓ２さんの意見に賛成で，こう考えればいいのではという人の考えを聞きましょう。

Ｓ５ 私はＳ２さんの考えに賛成で，イッチャンを除いたのは勝手に除いたのではないと思います。私はヒストグラムをつくって考えました。近所の同級生５人（アッチャンを含む）では５人とも固まって分布しているけど，友達のイッチャンが入ったグラフを見ると，イッチャン１人だけが極端に離れているのがわかります。だから，イッチャンを除いて平均値を考えた方が資料の特徴をよく表していると思います。だから，勝手にイッチャンだけを除いたわけではないと思います。

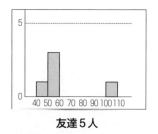
友達５人

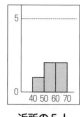
近所の５人

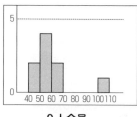
９人全員

Ｓ なるほど，そう考えればいいのか。

Ｔ このような考え方で，外れ値を除くという方法も実際にあります。

Ｔ ここまで，自分で判断できなかったので，皆に聞いてほしい，考えてほしいというものを取り上げてきました。今度は，この説明はとってもわかりやすくてよかったので，皆にも聞いてほしいという説明を推薦してもらいましょう。

Ｓ６ 私はＳ７さんの説明がとてもわかりやすく，これなら，アッチャンのお母さんも納得するだろうなと思いました。

Ｓ７ 私は代表値として平均値を使わずに中央値を使いました。近所の５人ではアッチャンが中央値だし，友達５人，９人全員の中央値よりアッチャンはいい点数になっています。「真ん中ぐらい」「真ん中よりいい」という曖昧な言葉でなく，中央値という数学の言葉を使って説明

するといいと考えました。

T　　数学の言葉を使うことのよさを話してくれました。代表値として，最
　　　頻値を使って説明していた人もいましたね。発表してください。

(以下略)

5　評価問題

　あるクラスの生徒20人に読書調べをしました。20人が先月読んだ本の
冊数は，下の結果となりました。
　その中の1人カッチャンは7冊でした。カッチャンは，このクラスの
中で多く本を読んだ方といえるでしょうか。次のア〜ウの中から正しい
と考えるものを1つ選び，その理由を示しなさい。ただし，ア〜ウのど
れを選んで説明してもかまいません。
ア　多くの本を読んだ　　　　イ　多くの本を読んではいない
ウ　多くの本を読んだとも読んでいないともいえない

〈20人の読んだ本の冊数〉
　11，8，2，3，11，10，13，9，5，8
　3，6，14，5，7，2，1，18，5，4

①出題の意図

　授業の目標である平均値，最頻値，中央値の3つの代表値の特徴を理解し，
それを用いて日常の事象について説明することができるかを問う。この問題
は，授業で行ったことをそのまま出題したものといえる。

　代表値の選び方で異なる結果が得られるが，それぞれに根拠を明確にして
述べること，数学の用語を的確に用いて自分の考えを表現することを求めて
いる。

ここでは，発展的な出題として，平成24年度全国学力・学習状況調査数学
B③スキージャンプの問題を利用することも考えられる。全国学力・学習状
況調査の問題は，よく吟味されており，意欲をかきたてる問題が多いので，
授業と結び付けて活用していくとよい。

②解答類型・採点基準（10点満点として）

	解答類型	得点
1	アを選択し，中央値もしくは最頻値を用いて説明しているもの。 （解答例） ア　20人の読んだ本の冊数の中央値を求めると6.5冊。カッチャンは7冊で，中央値より多いのでこのクラスの中で多く本を読んだ方だといえる。	10点
2	アを選択し，中央値もしくは最頻値を用いて説明しているが，中央値もしくは最頻値の値が誤っているもの。 （解答例） ア　20人の読んだ本の冊数の最頻値は3冊だから，カッチャンの7冊は，このクラスの中の人よりも多くの本を読んだといえる。	5点
3	アを選択し，平均値を用いて説明しているもの。	3点
4	イを選択し，平均値を用いて説明しているもの。	10点
5	イを選択し，平均値を用いて説明しているが，平均値の値が誤っているもの。	5点
6	イを選択し，中央値もしくは最頻値を用いて説明しているもの。	3点
7	ウを選択し，平均値，中央値もしくは最頻値を比較して説明しているもの。	10点
8	ウを選択し，平均値，中央値もしくは最頻値を比較して説明しているが，平均値，中央値もしくは最頻値の値が誤っているもの。	5点
9	ア，イ，ウの選択はしているが，説明がないものもしくは説明となっていないもの。	0点
0	上記以外の誤答，並びに無解答。	0点

第2章　言語活動プラン&評価問題　69

1年 長期休暇での自由研究課題
レポート作成を利用した言語活動

1 授業の目標

　自由研究レポートを作成することで，数学を体験させる。作成した自由研究レポートをもとに発表することで，自分が調べたことや考えたことを説明し伝え合う活動を行う。また，人のレポート発表を聞くことで，違う考えを受け入れたり，批判的に考察したりする活動を行う。

2 教材について

　自由研究レポートについては，それを作成させること自体に意味があるとともに，その発表をしたり，聞いたりすることにも意味がある。しかし，自由研究レポート作成では，指導の工夫をしないと，インターネットで調べてコピー＆ペーストするだけで，何も理解することも感動することもないまま形が整ってしまうという課題や，自由研究レポートをもとにした発表や話し合い活動を，限られた時間の中ですべての生徒が活躍できるようにするにはどうしたらよいかという課題が生じる。

　そこで，ここでは，自由研究レポート課題の提示におけるプリントを示すことによって，その対応の1つを示す。また，「言語活動充実のポイント」で，発表・話し合いの方法の1つを提案する。

　「授業展開例」は個々の活動が多いので省略する。それに代わって，どのような自由研究に中学生が取り組んでいるのか，例としていくつかタイトルと概略を示す。

　「評価問題」については，

70

> 自由研究レポートの発表をしたり，人のレポートを聞いたり，話し合ったりしたことで，学んだこと，感じたことを書きなさい。

といった振り返りを促すものは可能ではあるが，自由研究レポートの性格や授業展開から，生徒が共通して取り組む評価問題はそぐわないので，省略する。

課題提示プリント

1年数学の夏休みの課題

　研究レポートの提出を，1年数学の夏休みの課題とします。テーマは，**数学を体験しよう―体と頭を動かし，考えよう，感じよう―**です。

　数学は，神様がある日突然，与えてくださったものではありません。私たちの多くの先人たちが，多くの苦労を積み重ねることによってつくってきたものです。そして，現在もつくられています。

　では，具体的に何をするか。自分の興味のある数学について追究をし，レポートにまとめることをします。

　「それなら，普通に『数学についての自由研究』といえばいいのに」という声が聞こえてきそうですね。でも，単に「自由研究」という言葉では，たりない部分があるのです。

　それは，興味のある数学について調べたら，調べたことをもとに自分の体と頭を**動かして**，自分でいろいろなことを**考えて**ほしい，そして，**感じて**ほしいということです。その結果は，成功ばかりではないでしょう。うまくいったこと，うまくいかなかったことを整理することが大切です。そのような自分の体験をレポートにまとめてください。

　ですから，興味のあることについて，文献やインターネットで調べただけではダメです。

第2章　言語活動プラン＆評価問題　71

調べたことをもとに（たとえ調べたことと全く同じことであっても），
「自分でやって（考えて）みました」
「その結果，こうでした」（失敗でもいい）
「こんなことを感じました」
をレポートにまとめてください。

1．レポートの内容
①自分のレポートのテーマ
②①のテーマ設定の理由
③調べたこと
④自分の体と頭を動かして行ったこと
⑤自分で考えたこと
⑥感じたこと

2．レポートの形式
①Ａ４判でまとめる
②表紙を付け，表紙にはレポートのテーマ，学年，組，番号，氏名を
　記入する
③提出するのは，レポートのみとする
④実験や観察の様子は，写真にとり，レポートに添付する
⑤写真などは，プリンターで打ち出してもよいし，直接貼り付けても
　よい

3．自由研究レポートをもとにした発表・話し合い
①２学期にポスターセッション形式で行う
②Ａ３判３枚の用紙にポスターを作成する
③３分間程度で発表し，その場で質疑応答をする

3　言語活動充実のポイント〔関連：⑤　⑧　⑨〕

　自由研究レポートを課したとき，その後の処理をどのようにするかは，教師の頭を悩ませるところである。各クラス一人ひとりに発表させるとなると，１人３分としても，35人なら105分，つまり，２授業時間以上の時間が必要になる。また，単に発表会をするだけなら，生徒のモチベーションがかなり高くないと，それだけの時間を緊張感をもって取り組むことは難しい。言語活動としても，充実したものであるといい難いものである。

　そこで，ポスターセッション形式を用いることを提案したい。その方法を箇条書きで示す。

準備①　発表者は，レポートをもとに掲示できるポスターを作成する。Ａ３判用紙３枚で作成する。３枚の用紙は右の図のようにテープで貼り付け，１枚にしてポスターとする。ポスターは新たに記入してもよいし，Ａ４判用紙のレポートを貼り付けてもよい。

準備②　教師は生徒をＡ，Ｂ，Ｃの３つのグループに分け，それぞれの生徒が，どの時間に発表をする立場で，どの時間に発表を聞く立場で，話し合うのかわかるようにする。

　　　（例）９：00〜９：15　　グループＡの発表

　　　　　　９：15〜９：30　　グループＢの発表

　　　　　　９：30〜９：45　　グループＣの発表

　　　　　　９：45〜９：50　　まとめ

準備③　教師は生徒がどの発表を聞くか予定を立てられるよう，発表者のグループと自由研究レポートのタイトル（あるいは内容）が示されたプリントを配付する。

準備④　教師は発表を聞き，話し合ったレポートに対してメモやコメントが記入できる用紙を準備し，配付する。

第2章　言語活動プラン＆評価問題　73

授業場面①　グループAの発表

　グループAの生徒は，自分のポスターの前に立ち，1回3分程度で自分のレポートについて説明をする。その後，2分程度で質問を受け，話し合いをする。時間内に3回同様のことを行う

　グループB，Cの生徒は，準備③のプリントをもとに，Aグループの中で話を聞きたいポスターを3つ選び，順に回る。3分間は説明を聞き，その後，質問をし，発表者並びに一緒に説明を聞いた生徒と話し合いをする。必要事項を準備④の用紙に記入する。

授業場面②　グループBの発表

授業場面③　グループCの発表

授業場面④　まとめ

　話し合いの様子をもとに，教師からよかったところ，改善するとよいところなどまとめの話をする。時間がなくて聞けなかった発表，同じグループのため聞けなかった発表についての対応を指示する。

「ポスターは掲示したままにしておくので，個別に話し合いをしよう」と指示ができるとよいが，校内事情で難しいことも予想される。

　ポスターセッション形式を用いることのよさは，発表者にとっては同じ説明を3回できるという点がある。説明を繰り返しながら，段々自分の説明がうまくなっていくことを実感する生徒は多い。聞く側は，少人数での説明であることから，発表者からコメントが求められる。だから，一つひとつの発表を真摯に受けとめようと取り組むことができる。また，自分の興味をもった数学，自分の知らない数学を知る機会に恵まれるという意味もある。

　一方で，時間と相互の発表・話し合い数の問題がある。1授業時間での実施を想定し，発表は3回，発表を聞けるのは6つの自由研究レポートとした。十分な発表・話し合いの時間，回数の確保でないと思うが，この数をどのように判断し，評価するかは意見の分かれるところであるとも思う。目の前の生徒の育ちを鑑みて，いろいろと修正をし，試みていただきたい。

4 中学生が取り組んだ自由研究レポート（タイトルと生徒のコメントの一部）

「ラッピング技術の体験」

　秋山仁の本をもとに，実験などを繰り返し行って，ラッピング技術の体験をしました。今まで，ボーとみてきた店員さんの妙技が，それぞれいろいろな定理をもっているように見え，とても感動しました。

「0乗って何？」

　学校の授業で2乗，3乗…というのを習いました。おもしろいと感じた私は0乗について興味をもちました。x^0が1になることをいろいろなことをもとに考えたり，調べたりしました。でも，まだ不思議で，変な感じがします。

「13日の金曜日を封鎖せよ」

　2005年から2114年の間に何回13日の金曜日があるか調べました。そこから，毎年必ず1回は13日の金曜日があること，28年周期になっていることなどに気付きました。

「牛乳パックの謎　1L表示はホントかウソか」

　牛乳パック四角柱の部分を測ってみたら，底面は7cm×7cmで高さが19.4cmでした。これを計算すると，1000cm³にはなりません。計量カップで水を入れたら，四角柱の部分に1000cm³入りました。この秘密を探りました。

「コースと球種から見るホームランの確率」

　8月末の1週間に行われたプロ野球24試合に出たホームランのすべての球種とコースを調べました。とても身近なプロ野球のホームランに規則的なものがあり，おもしろかったです。意外と身近なものに数学は関係しているかもしれないと思いました。これを参考に部活にも生かしていきたいです。

「デニールって何？」

　お母さんと買い物に行ったとき，タイツにデニールって書いてありました。何かの単位のようで，品物によって数値が違いました。今まで習っていない単位があると思って，お父さんに聞いてみたら知らないといっていました。興味をもったので調べてみました。

第2章　言語活動プラン＆評価問題　75

2年

多様な方法は連立方程式に結び付いている？
連立方程式

1 授業の目標

　具体的な場面の問題を，連立方程式を始めとする，いろいろな方法で解くことにより，連立方程式を利用することのよさを知るとともに，立式に至る数量関係のとらえ方を理解する。

2 教材について

　30人で文集をつくるのに，1人が原稿用紙3枚か5枚で書くことにしたところ，126枚の原稿が集まった。3枚書いた人と5枚書いた人の人数を，いろいろな方法で求めなさい。

　いわゆる鶴亀算といわれる文章問題である。この形を利用できる問題場面は意外に身近にある。この問題も「なるほど，こんなところでも数学で学んだことを利用できる」「数学を利用すると便利なんだ」と感じさせることができるものである。一方，この問題は，いろいろな方法で解くことができるが，そのいろいろな方法が立式に至る数量関係の把握に大いに役立つことを生徒に知らせたい。そうすることが，計算問題はできるが利用の問題（文章問題）を見た途端考えようともしない生徒への指導の手立てとなる。できない生徒は「できる生徒は問題を見た途端に立式している」と考えがちである。だから，「自分は問題を見ても式が浮かばないからできない」と考える。それに対して，「それならできる」「なあんだ，それを式にしただけなんだ」「困ったらこうすればいいんだ」と思わせることができたなら，次からは

76

「できそうだ」「やってみよう」と取り組み始めることが期待できる。

　ここでは，いくつかの方法と連立方程式との関連を示しておく。

ⅰ）連立方程式による方法

ⅱ）一元一次方程式による方法

　立式された一元一次方程式が，連立方程式の代入法によって得られる式と全く同じであることから，1変数より2変数を用いた方が式に表しやすいことを体感させたい。

ⅲ）文字を用いない数と式による方法

　「もし全員が3枚書いたとしたら」と考えを進める，いわゆる鶴亀算の解き方である。ここで用いられる式と連立方程式の加減法の解き方を見比べると，全く同じであることに気付くことができる。数と式による方法では，一つひとつ式の意味を考えながら解かなければならないが，方程式を用いると，立式さえできれば，代数的処理のみで解けるよさを知ることができる。

ⅳ）表による方法

　表をつくって数値を順々に代入して成り立つ数値を求めていく。数値を代入するときに用いた計算式，成り立つかどうかを判断するときに用いた計算式を吟味すると，それがそのまま，連立方程式のそれぞれの式になっていることがわかる。「表がつくれたなら，連立方程式をつくることができる」と伝えることができる。

3枚の人数	0	1	2	3	…	11	12	13
5枚の人数	30	29	28	27	…	19	18	17
原稿の枚数	150	148	146	144	…	128	126	124

ⅴ）図による方法

　図をかいて数量関係を整理することは，内容としての数学的活動として生徒に習得させたいものである。素朴な形でよいので，困ったらまず，図をかいて数量関係を探るという活動が身に付けば，「自分は問題を見ても式が浮かばないからできない」と問題解決を諦めてしまう生徒を動かす大きな力になる。そして，解決への大きな手がかりを得るはずである。

3　言語活動充実のポイント〔関連：③　④　⑥〕

　同じ教材であっても，授業の目標により，どこに重点を置いて生徒の活動を促すかは変わってくる。この教材についても，「言語活動の充実」ということから，連立方程式を用いた解を説明文ととらえ，数式を用いた説明文の指導に重点を置く方法もある。

　また，「教材について」で示した内容は，それぞれ興味深いものであると考えるが，すべてを扱おうとすると，授業として，無理が生じる。目の前の生徒の育ちの状態を鑑みて判断することが重要になる。そして，この判断ができるのは，生徒を目の前にしている教科担任の教師しかいない。

　本稿では，計算問題には熱心に取り組むが，利用の問題（文章問題）になると，見た途端考えようともしない生徒が多いという状態を想定して授業を組み立てる。そこで，この授業でのポイントを，次のものとする。

・連立方程式という数式による言語表現と，生徒が「これならできる」と感じられる表や図の表現とを結び付けること。

・生徒が感じたことを，言葉で表現させることにより，次から使えるものへと高めること。「図がかければ連立方程式はつくりやすい」と発言させるのと，何となく感じているのでは大きな違いである。言語として発言させることにより，クラス全体で共有することもできる。

・本時で学んだことを言葉として，まとめること。本時では，新たな知識や技能の習得はない。しかし，授業で学んだこと，学ぶべきことは多い。それを言葉としてまとめることは重要である。よさにかかわる内容，活動の仕方として内容，興味・関心・意欲にかかわる内容も授業のまとめとして取り上げたいものである。

　ここでは，「根拠」や「着想」を直接求めるような言語活動はないが，表や図に表す活動，それにかかわる言語活動が，次の活動の「根拠」や「着想」，さらには意欲の大きな手助けになっていくと考える。

78

4　授業展開例

｛問題提示並びに個人解決後，個人解決中の机間指導の中で生徒を指名し，「教材について」におけるⅰ）〜ⅴ）の解決を板書させる。｝

T　いろいろな方法で解いたものを黒板に書いてもらいました。順番にそれぞれについて，説明してください。

｛生徒に順々にそれぞれの解き方を説明させ，質疑をさせ，それぞれの方法を理解させるようにする。ⅰ）〜ⅳ）は略。｝

T　ⅴ）の方法は解く前の段階のものですが，書いてもらいました。説明をお願いします。

S1　私は，問題を解く方法を考えるために，まず，問題文を数量関係に気を付けながら右の図に表してみました。

この図から，○の数，つまり，3枚書いた人を x 人，□の数を y 人として連立方程式をつくって解きました。

T　S1さんは，何を説明してくれたのかな？

S2　図を使って問題を解く方法…違うなあ。問題は図で解いていないよね。

S3　方程式をつくる前に，数量関係を図で表すといいということ。

T　そうです。S1さんは連立方程式や他の方法で問題を解いていましたが，その前に「図をかいて数量関係をわかりやすくした」ということを説明してくれました。これはとても重要なことなので，あえて黒板に書いてもらいました。これを見て，どんなことを感じましたか？

S4　上の段は生徒の人数，下の段は原稿用紙の枚数と整理して表している。

S5　図と連立方程式は，関連付いている。図がかければ，連立方程式はつくりやすいよね。

S6　そうか，困ったら図をかいて数の関係を調べればいいということか。

T　そうそう。困ったら図にかいて整理するという手法を身に付けておくといいですね。では，他の方法と連立方程式による方法の関係を見て

みましょう。気付くことはありませんか？

S7　一元一次方程式と連立方程式はよく似ている。

S8　連立方程式を代入法で解いたときの式が，一元一次方程式の式になっている。

T　　連立方程式と一元一次方程式を比べて感じることはありますか？

S9　式をつくるという点では，文字が2つ使える方が，文字が1つのときより楽だと思います。

S10　S1さんの図でも，文字が2つ使えれば○を x，□を y として簡単に式がつくれるけど，1つとなると○を x，□を $30-x$ というようにして整理しなければならない。計算は，どちらともいえないけど。

T　　表と連立方程式との関係はどうですか？

S11　関係あるの？

S12　3枚の人数を0，1，2，…とし，5枚の人数を30，29，28，…としているのは，$x+y=30$ という式を使っている。そして，原稿を求める計算では，$3x+5y$ に値を代入して126になるところを探しているといえる。

T　　ということは？

S13　表をつくるときに使っていた式で，文字を使えばそれがそのまま連立方程式になっているんだ。

T　　ⅲ）文字を用いない数と式による方法と連立方程式の間にも，おもしろい関係があります。それは各自の追究とします。まずはここまでのことをまとめましょう。今日の授業で学んだことは何でしょうか？

S14　新しい用語もないし，新しい方法もなかった。

S15　でも，身近な問題にも連立方程式を使うと便利ということがある。

S16　文字が1つより，2つ使った方が方程式をつくりやすい。

S17　方程式をつくる前に数量関係を図や表に表すといい。困ったら図や表を使うといいとわかったので，次からは諦めずに問題に取り組めます。

（以下略）

5　評価問題

　アッチャンが，「家から学校まで，いつもは10分で登校しているけど，今日は寝坊をしたから３分遅く家を出た。だから，はじめは120m/分で走った。途中でイッチャンに会ったからいつも通り60m/分で歩いて，いつも通りの時刻に登校できた」と話しています。アッチャンは，どれだけの時間を走ったのでしょうか。連立方程式を利用してこの問題を解くために，数量関係を図や表を使って表しなさい。

①出題の意図

　問題を解くための手法として，数量関係を図や表を用いて整理することを定着させるための問題である。速さ・時間・道のりの問題は，それを見ただけで敬遠する生徒も多いものである。だから，その問題で，授業の中で強調した図や表を使って数量関係を表すことができるか，表そうとしているかを問う。そのため，採点基準も意欲の喚起に重点を置く。

②解答類型・採点基準（10点満点として）

	解答類型	得点
（正答の条件） *a*　図や表を用いた表現をしている。 *b*　数量が図や表に適切に示されている。		
1	正答の条件 *a*，*b* を満たしているもの。	10点
2	正答の条件 *a* を満たし，数量も示しているが，すべての数量を用いていないもの，一部不適切に示されているもの。	7点
3	図で情景は示されているが，数量が全く示されていないもの。	4点
4	数量のみは取り出されているが，関係を示す図などがないもの。	3点
0	上記以外の誤答，並びに無解答。	0点

第２章　言語活動プラン＆評価問題　81

2年 なぜ一次関数のグラフは直線といえるの？
一次関数

1 授業の目標

　一次関数のグラフの特徴を，既習の比例と比較することで明らかにし，表や式と関連付けて理解する。

2 教材について

> 一次関数 $y = 2x + 3$ をグラフに表すとどうなるか考えよう。

　この問題自体は，どの教科書にもよくある問題で，特別なものではない。この問題の解決を「事実・手続き」「根拠」「着想」から整理すると，

事　実　直線，$y = 2x$ のグラフに平行，（0，3）を通る，（−1.5，0）を通る，x の値が1増えると y の値は2増える

手続き　直線とわかれば，2点を結んでグラフがかける
　　　　　2点のうち1点は，式にある値に対応する（0，3）が使える
　　　　　2点目の点を求めるのに，変化の割合2がグラフでも x の値が1増えると y の値は2増えるとして使える

根　拠　$y = 2x + 3$ のグラフは $y = 2x$ のグラフを平行移動した直線
　　　　　$\left[\begin{array}{l}\text{小学校，比例，反比例の学習で用いた点を多くとるという手法}\\\text{は，見通しをもつ方法として扱い，ここでは根拠としない}\end{array}\right]$

着　想　一次関数の学習では，いつも比例を想起しながら進めてきた，比例と同じところ，違うところを明確にしよう

となる。これをもとに「言語活動の充実」を図ることにより，既習との結び

付きを明確にして新たな数学の性質を見いだす活動をしていることを生徒に意識させたい。

3　言語活動充実のポイント〔関連：②　③　⑤〕

　先にも示したように，この問題はどの教科書にもよくある問題である。しかし，この教科書の部分を読んで，なぜ多くの点をとるだけで直線になるとしないのか，なぜ比例のグラフが出てくるのかを十分理解できる生徒は少ない。ある意味，１年のときまでは点を多くとることで，そのグラフの形を推測することで結論としていたのだから，当然といえば当然である。しかし，２年の学習では，既習の比例のグラフを根拠として，直線であることを示す。まさに，１年では「数学的な表現を用いて，自分なりに説明し伝え合う活動」であった〔数学的活動〕が，「数学的な表現を用いて，根拠を明らかにし筋道立てて説明し伝え合う活動」へと進んでいると考えたい。そのためには，教師の意図的な指示が必要となってくる。それが，本時の言語活動充実のポイントになる。

・生徒に言語活動の必要性，必然性を感じさせる

　多くの点をとることは，既習を意識したよさ，見通しをもつよさがある。「根拠にならない」と頭ごなしに否定したくないが，根拠を明らかにし筋道立てた説明としては不十分であることを意識させる。その手立てとしては，

・言語活動を「事実・手続き」「根拠」「着想」の３つの柱をもとに考える

ことが有効に働く。そして，

・書くことと話すこと，そして表現することを訓練する

ことが必要となる。学年が進めば，〔数学的活動〕の説明し伝え合う活動も自然と進むというものではない。意図的に授業の場で訓練するようにしたい。

　なお，直線であることの説明として，x の値が x_1 から x_2 まで増加する中間点 $\dfrac{x_1 + x_2}{2}$ を考えて，$y = ax + b$ に代入した値が $\dfrac{y_1 + y_2}{2}$ と一致するか

第2章　言語活動プラン&評価問題　83

を計算によって確かめるという方法もある。3年での $y=ax^2$ のグラフが曲線になることへとつながる方法であるが，2年の段階ですべての生徒に示すかどうかは，目の前の生徒の状況での判断であるだろう。

4 授業展開例

T　まず，ここまでの学習を確認しましょう。関数を表す，重要な3つの方法は何でしたか？

S　式　　S　表　　S　グラフ

T　では，一次関数について，何を学びましたか？

S1　式が，$y = ax + b$ の形で表されること。

S2　表では，x の値が1増えると，y の値は a だけ増えること。

S3　それを変化の割合という言葉を用いて，一次関数 $y = ax + b$ では，変化の割合は一定で，a に等しいとまとめた。

T　どんな関数も，変化の割合は一定でしたか？

S4　反比例は一定ではありませんでした。

T　だから，一次関数の特徴としてまとめましたね。他に，表と式の関係はありませんでしたか？

S5　式 $y = ax + b$ の b の値が，表では，x の値が0のときの y の値になっています。

T　すると，今日からは何を調べていきましょう？

S　グラフ。

T　それでは，一次関数 $y = ax + b$ のグラフについて，$y = 2x + 3$ をもとに考えていきましょう。

〔問題提示，個人解決〕

T　一次関数 $y = 2x + 3$ をグラフに表すとどうなりましたか？

S6　私は，小学校のときや1年のときと同じように，グラフに多くの点をとり，どのような形になるか見通しを立てました。そしたら，直線に

84

なりそうだとわかりました。

T 　今，S6さんはすごくいいことを2ついってくれたんだけど，聞き取れましたか？　S6さんがいってくれたこと，同じことをいってください。

S7 　S6さんは，小学校のときや1年のときと同じように，グラフに多くの点をとったといいました。そして，そしたら直線になったといいました。

S8 　直線になったまでは，いってないよ。「見通しを立てた」「なりそうだ」といったんだよ。

T 　そうだね。1つは，これまで学習したことと同じようにやってみたということ。もう1つは，見通しを立てたということですね。では，立てた見通し，直線になる理由を説明してください。

S9 　理由も今までに勉強したことを使えばいい。一次関数と比例は密接な関係があった。これを $y = 2x + 3$ と $y = 2x$ の関係として表を見ると，x のどの値でも，y の値は $y = 2x$ より，$y = 2x + 3$ の値の方がいつも3大きい。ここまでいいですか？

S 　いいよ。

S9 　これをグラフで考えると，$y = 2x + 3$ は $y = 2x$ の点をすべて3だけ平行に移動したといえる。だから，$y = 2x$ のグラフが直線だったから，$y = 2x + 3$ のグラフも直線になります。

T 　一次関数 $y = 2x + 3$ のグラフを，比例 $y = 2x$ のグラフをもとに考えたんですね。すると，比例と同じようにいえることと，同じといえないことから整理できますね。

S10 　比例のグラフは原点を通る直線でしたが，一次関数では原点の代わりに $(0, b)$ を通ります。これは，表の学習で確認したことと同じです。

T 　事実と根拠を区別して話してくれましたね。この点 $(0, b)$ は重要な点で，名前が付いています。後でまとめます。他には？

S11 　一次関数 $y = ax + b$ のグラフが，比例 $y = 2x$ のグラフに平行なら，

第2章　言語活動プラン&評価問題　85

比例のときと同じように，$a>0$なら右上がり，$a<0$なら右下がり といえる。
S12　aの値を変えて，確認するといいよ。
S13　変化の割合が一定ということも，グラフが直線になることの理由だよ。
T　　話が広がってきましたね。まずは事実を整理しましょう。次に，その根拠，理由を。そして，一次関数のかき方としてまとめましょう。
（以下略）

5　評価問題

　一次関数$y=-3x-2$について，式にある値－3は，その表やグラフのどこに現れるか示しなさい。

①出題の意図

　一次関数の表，式，グラフとそれぞれの相互関係について，学習指導要領解説で示されている図にかかわる部分を問う。ここでは，授業展開例の略された部分となるが，同様に授業は進められ，言語活動の焦点の１つである。

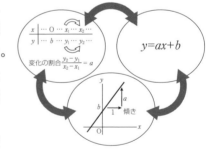

　解答としては，具体的に表やグラフを作成して－3の値の部分を示す方法と，言葉によって示す方法がある。それぞれ説明のよさがあり，生徒にはそれぞれに身に付けさせたいことである。よって，採点においては，上位，下位を付けず正答としたい。

②解答類型・採点基準（10点満点として）

解答類型	得点
（正答の条件）	

a　表において，xの値が1増えるとyの値は-3増える，という変化の割合に着目して示している。
b　グラフにおいて，右に1進むと上へ-3進む，というグラフの傾きに着目して示している。
（正答例1）
表では，常にxの値が1増えるとyの値は-3増えている。この-3が式の-3の値である。
グラフでは，1点を決めるとそこから右に1進むと上へ-3進んだところにグラフ上の点がある。この-3である。
（正答例2）

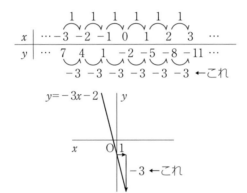

1	正答の条件 a, b を満たしているもので，言語による説明。（正答例1）	10点
2	正答の条件 a, b を満たしているもので，図や表による説明。（正答例2）	10点
3	正答の条件 a, b について，言語もしくは図や表で説明をしているが，一方について不十分なもの。	7点
4	正答の条件 a, b について，一方についてのみ満たしているもの。	5点
5	正答の条件 a, b について，言語もしくは図や表で説明をしているが，両方ともに不十分なもの。	4点
6	正答の条件 a, b の一方について，言語もしくは図や表で説明をしているが，不十分なもの。	3点
0	上記以外の誤答，並びに無解答。	0点

2年 その補助線は何？
図形の性質と証明

1 授業の目標

三角形の合同条件をもとにして，三角形の基本的な性質である「二等辺三角形の2つの底角は等しい」ことを論理的に説明する。

2 教材について

二等辺三角形の底角が等しいことの証明は右のように示されるが，最初の一文「∠Aの二等分線を引き」がどこから出てきたか，つまり，着想が生徒にとってはわかりにくい。それを示すために，多くの教科書は二等辺三角形を折る操作あるいは図を示している。しかし，三角形を折る操作を二等辺三角形だけで行っていたのでは，その意図するところや意味はよくわからない。それは不等辺三角形では4つの直線（右の図D1：垂直二等分線，D2：中線，D3：二等分線，D4：垂線）となるものが二等辺三角形ではすべて重なり，1本の直線となることに起因している。

> ∠Aの二等分線を引き，BCとの交点をDとする。
> △ABDと△ACDで，
> ADは角の二等分線だから，
> ∠BAD＝∠CAD…①
> 仮定より，…（以下略）

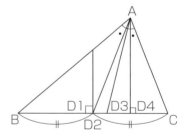

そこで，紙を使って二等辺三角形と不等辺三角形を折る活動を通して，その操作の違い，直線の違いに気付かせ，それによって証明において二等分線を用いることを確認するとともに，他の直線を用いても証明が可能であるかと追究を深める。

3 言語活動充実のポイント〔関連：② ③ ④ ⑨〕

　まず，この授業で大切なことは，

・生徒に言語活動の必要性，必然性を感じさせる

ことである。生徒にとっては，二等辺三角形の底角が等しいという事実は，小学校で既習のことである。だから，なぜ中学生になってまた勉強するのかと疑問をもつ生徒は少なからずいる。そこで，紙を折る同じ操作をしたにもかかわらず，そこに見いだす折り目のとらえ方の違いがあることに疑問を感じさせ，疑問の共有化から，互いに説明し伝え合う活動の必要性，必然性を感じさせる。ここで，生徒の疑問を取り上げ，クラス全員の疑問として共有化することがポイントになるが，そうした疑問が共有化できる，

・言語活動を支える学習集団をつくる

ことは極めて重要である。

　次に，

・言語活動を「事実・手続き」「根拠」「着想」の３つの柱をもとに考える

ことがある。生徒は必要性，必然性を感じ，それぞれの考えによって，根拠を明らかにして説明する，つまり，証明を語る。ここで，その証明は全員が同じものではない。だから，仲間の証明を聞いて理解するという言語活動が行われる。そして，なぜこのように異なる証明が出てきたのかを考えると，着想への言及となる。紙を折る操作により，二等辺三角形ならば，底角が等しいという事実を確認し，それを証明するという形で根拠を明らかにした。それで終わりとせず，着想を振り返らせることにより，証明の１行目の意味が明らかになる。

　さらに，

・言語活動を支えるものとしての「て・め・あたま」を意識する

ことの確認をしたい。この着想への言及は「て」の操作を振り返ることであり，「て」と「あたま」をつなぐ活動となる。そして，「あたま」である言語で表された意味をより深く理解することになる。

第2章　言語活動プラン＆評価問題　89

4 授業展開例

T 2種類の三角形の紙を配りました。1つ目の三角形のABとACの長さは異なります。このABの長さがACと同じになるようにしてつくったのが，2つ目の三角形です。この2つの三角形を見比べて気付くことはありますか？

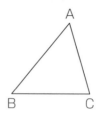

S1 2つ目の三角形では，ABとACの長さが等しくなることによって，∠Bと∠Cも等しくなっています。

T どうやって確かめればいいですか？

S2 紙を折って重ねてみて，ぴったり重なっていれば等しいといえます。

S3 折ってできる2つの三角形がぴったり重なっているから合同だ。

S4 三角形の合同条件を使って，証明できるんじゃないかな？

T 2つ目の△ABCの折り目をADとして，三角形の合同条件を使ってAB＝ACならば，∠B＝∠Cとなることを証明しましょう。

〔個人解決
 個人解決の中で他の生徒の解決方法を見てのつぶやき
  S あれ，人によってADが違うな。
  S ADは何なんだろう？　それによって，証明も変わってきてしまう。

T S5さんが「おかしい，いいのかな？」といっています。疑問を聞いてください。

S5 私はADを∠Aの二等分線として，証明を考えていましたが，隣のS6さんは二等分線でなく，DをBCの中点とした直線としています。他の人にも聞いてみたらバラバラでした。だから，これでいいのかなと，疑問というか，心配というか，変な気持ちになってきました。

T S5さんの疑問，いいたいことが伝わりましたか？　S7さんどうですか？

S7 はい。私もS6さんの話を聞いて，疑問に思いました。

T ADを∠Aの二等分線とした場合とDをBCの中点とした場合が出てきましたが，他にもありますか？

S8 私はADをBCの垂直二等分線としました。

T 新しい考えが出ましたね。これらはどれか1つだけ正しくて他のものは間違っているのでしょうか？　それとも全部正しいのでしょうか？　なぜこんなことが起きたのでしょうか？　もう少し追究しましょう。

〔個人解決，小集団での意見交換〕

T では，まずADを何としたかによって，どのような証明ができたかを発表してください。

╭─ ∠Aの二等分線の場合，DをBCの中点とした場合，BCの垂直二等分
│ 線の場合の証明を発表させ，検討をし，それぞれが正しいことを確認す
│ る。なお，AからBCへの垂線も考えられるが，直角三角形の合同条
╰─ 件が必要となるため，本時では他の場合と同様には扱わない。

T ADを∠Aの二等分線，BCの中点DとAを結んだ直線，BCの垂直二等分線としたとき，それぞれ三角形の合同条件を根拠として，AB＝ACならば，∠B＝∠Cとなることが証明できましたが，なぜこのようにいろいろな考え方が出てきたのでしょう？　なぜ，ADは○○かなと思い付いたのですか？

S9 三角形の紙を折ることからです。私はABとACが重なるように折りました。この折り目は∠Aの二等分線です。1つ目のAB＝ACでない三角形の紙を折ると，このことはよくわかります。

S10 私も三角形の紙を折ったことからですが，私の場合は，BCの中点Dを決めてAとDが両端になるように折りました。

S11 1つ目の三角形を折ると，∠Aの二等分線と違う折り目になることがわかるよ。

T 紙を折るという操作で得たことを，二等分線，中点と頂点を結ぶ直線，垂直二等分線と数学の言葉で表すことで出てきたのですね。そして，

第2章　言語活動プラン＆評価問題　91

それを使って，説明・証明を考えていったわけですね。
(以下略)

5　評価問題

「2つの角が等しい三角形は，二等辺三角形である」ことを，「△ABCで，∠B＝∠CならばAB＝ACである」として，三角形の合同条件を用いて証明します。
　このとき，補助線として適切でないものを次のア〜ウの中から1つ選び，その理由を説明しなさい。
ア　∠Aの二等分線AD
イ　頂点Aから辺BCへの垂線AD
ウ　頂点Aと辺BCの中点を結ぶ線分（中線）AD

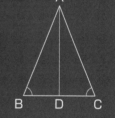

①出題の意図

　授業において，補助線の意味するところによって異なる三角形の合同条件を用いて証明している。その学習を受け，補助線の意味するところにより，三角形の合同条件に適合するかどうかを問う。このことにより，三角形の合同条件についての理解を確認する。

　また，論証指導の初期であるので，根拠を明らかにすることを指導したい時期である。テストという学習場面を利用して，漫然と三角形の合同条件に当てはめようとするのではなく，条件に照らして，正・否を判断する経験をさせることは意義があると考える。

　採点においては，不十分だからといって×にするのではなく，できていること・たりないことが生徒にわかるようにしたい。例えば，「正しい事実が示してあっても，なぜに答える部分・根拠が示されてなければ，理由の説明としては不十分だよ」と生徒への助言の言葉を準備したい。

また，記述に取り組む意欲を評価したい。だから，正しい選択肢を選んで説明がないものより，誤った選択肢を選んでいても説明をしようと試みるものに，１点でもよいので多く加点したいと考えた。

②解答類型・採点基準（10点満点として）

解答類型	得点
（正答の条件） *a*　ウを選択。 *b*　２辺と１つの角が等しいが，２辺と１つの角の位置関係が合同条件の「２辺とその間の角」に該当しないことを記述しているもの。 （正答例） ウが適切でない。なぜならば，補助線により BD=CD，AD=AD がわかり，仮定の∠B＝∠Cより，２辺と１つの角が等しいことはわかるが，∠B（∠C）は BD（CD）と AD の間の角でないから，三角形の合同条件に合わない。	
1　正答の条件 *a*，*b* を満たしているもの。（正答例）	10点
2　正答の条件 *a* を満たしているが，合同条件の「２辺とその間の角」に該当しないことのみを記述しているもの。	8点
3　正答の条件 *a* を満たし，対応する角，線分についての記述はあるが，合同条件の「２辺とその間の角」に該当しないことを記述していないもの。 （解答例） ウが適切でない。なぜならば，等しいことがわかっているのは，BD=CD，AD=AD，∠B＝∠Cだから。	7点
4　正答の条件 *a* を満たし，説明が大筋において正しいと判断されるが，部分的に誤りがあるもの。	5点
5　正答の条件 *a* を満たし，説明を試みているが不適切なもの。	3点
6　正答の条件 *a* を満たしているが，説明の記述がないもの。	1点
7　アもしくはイを選択し，説明の記述を試みているもの。	2点
8　アもしくはイを選択し，説明の記述がないもの。	0点
0　上記以外の誤答，並びに無解答。	0点

2年 「同様に確からしい」を意識しよう
確率

1 授業の目標

　同様に確からしいことをもとに，簡単な場合について確率を求めて不確定な事象をとらえ，説明する。

2 教材について

　　2枚の硬貨を同時に投げるとき，次のア～オのどの場合が一番多く出るか説明しなさい。
　　ア　2枚とも表　　イ　2枚とも裏　　　ウ　1枚は表で1枚は裏
　　エ　ア～ウのどの場合も同じで一番はない　　オ　ア～エ以外

　確率の問題では，基本中の基本の問題であるが，生徒にとっては「同様に確からしい」ことを明確に意識できる問題である。だから，言語活動の中で明確に「同様に確からしい」という言葉を発言させたい。そのために，授業ではまず，提示問題のように予想をさせることをしたい。ここでは，簡単な発想を聞くとしても，根拠は求めない。生徒の予想は，すでに結果を知っていなければ，なかなかウとはいかない。

　次に，実際に硬貨を投げる操作をし，統計的確率を求めてみる。そうすることで，予想とのズレに気付かせ，なぜそのようなズレが生じたのかという説明すべき内容を明確にする。そして，「同様に確からしい」ものによって，場合を分けなければならないことを明らかにさせていく。

　次に，同様に確からしい場合を過不足なく表す方法として，小学校で学習

した表や樹形図が有効に働くことを確認していく。
　なお，小学校では多くの教科書で単元「場合の数」において，

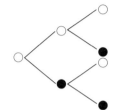

　　10円を投げて，表が出るか裏が出るかを調べます。
　ア　2回続けて投げます。表と裏の出方は何とおりありますか。
　イ　3回続けて投げます。表と裏の出方は何とおりありますか。

のような問題で樹形図の作成まで学習している。

3　言語活動充実のポイント〔関連：②　④　⑤〕

　この授業のポイントは，いかに生徒から「同様に確からしい」という発言を導き出すかにある。「同様に確からしい」という数学用語は既習である。一方，場合の数を過不足なく求める方法として樹形図などについても小学校において既習である。生徒の中にある知識を結び付け，確実なもの，より深いものとするよう，言語活動を充実させていくことがポイントになる。
　そこで，直感的に予想したことと，実験によって得られた統計的確率とのズレを生じさせ，説明することの必要性，必然性を感じるようにする。ここにおいて，予想と統計的確率が一致する1枚の硬貨を投げる実験を加える。これにより，話し合い活動において，根拠として用いることができる事象を得ることができる。
　また，既習の知識を結び付けるようにさせるために，「数学の用語を用いて」という指示を与える。そのことによって，「確率」「同様に確からしい」という用語が，不確定な事象を説明するのに適切であることを感じるようにさせていく。

4 授業展開例

〔問題提示後〕

T　　予想を聞きます。ア〜オのどこかで挙手をしましょう。

⎧すでに結果を知っている生徒はウに挙手するが，素朴にエやオに挙手す⎫
⎩る生徒は多い。結果として，予想が分かれることが期待できる。　　　　⎭

T　　予想が分かれましたね。では，実際に硬貨（模擬）を投げて，実験を
　　　してみましょう。実験は，２つです。

　　　　・１枚の硬貨を20回投げて，表になった回数を数える

　　　　・２枚の硬貨を同時に20回投げて，２枚とも表，２枚とも裏，１枚は
　　　　　表で１枚は裏になった回数をそれぞれ数える

　　　それをクラス全員で，20回×35人で700回試行したことにします。

⎧ICTを用いれば，700回の試行も生徒の目の前で集計ができる。次の結⎫
｜果が得られたとする。　　　　　　　　　　　　　　　　　　　　　　　　｜
｜・１枚の硬貨を投げたとき，表になった回数は348回　　　　　　　　　　｜
｜・２枚の硬貨を同時に投げたとき，２枚とも表の回数は170回，２枚と　　｜
⎩　も裏の回数は178回，１枚は表で１枚は裏の回数は352回　　　　　　　⎭

S１　　２枚の硬貨を同時に投げたとき，１枚は表で１枚は裏の回数が多い。

S２　　１枚の硬貨を投げたときは，まあ予想通り，半分に近い。

T　　実験から問題の解答はウとわかりましたが，まだ説明はできてきませ
　　　んね。眺めて，観察してわかってくることを，数学の用語を用いて表
　　　現してみましょう。

S３　　確率を使って表現すると，１枚の硬貨を投げたとき，表が出る確率は
　　　$\frac{348}{700} = 0.497\cdots$となるから，$\frac{1}{2}$と考えていい。

S４　　２枚の硬貨を同時に投げたとき，２枚とも表の確率は$\frac{170}{700} = 0.242\cdots$，

96

2枚とも裏の確率は$\frac{178}{700}=0.254\cdots$，　1枚は表で1枚は裏の確率は

$\frac{352}{700}=0.502\cdots$となるから，　2枚とも表と2枚とも裏の確率はともに$\frac{1}{4}$

で，　1枚は表で1枚は裏の確率は$\frac{1}{2}$と考えていいのでは。

T　　ここまでは，実験の結果からわかることですね。では，予想でウばかりにならず，エという人も多かったのはなぜでしょうか？

S5　1枚の硬貨の場合は予想通りなのに，2枚となると違った。

S6　1枚の硬貨のときは表が出る場合と裏が出る場合と2つの場合だった。

S7　2枚の硬貨を同時に投げたとき，2枚とも表，2枚とも裏，1枚は表で1枚は裏と3つの場合で考えたことがいけないんじゃないかな？

T　　確率を調査や実験によらないで，場合の数から確率を求めるとき，大切な事柄がありました。覚えていますか？

S8　あっ，わかった。同様に確からしいだ。1枚の硬貨のとき，表が出ることと裏が出ることは同様に確からしい。2枚の硬貨を同時に投げるときも，同様に確からしいのは，それぞれの硬貨が，表が出ることと裏が出ることが同様に確からしい。

S　　よくわからない。

S9　2枚の硬貨を，100円と10円と考えるとわかりやすいよ。100円も10円も，表が出ることと裏が出ることは同様に確からしい。だけど，1枚は表で1枚は裏というのは，100円が表で10円が裏の場合と100円が裏で10円が表の場合で区別しないといけない。

T　　ここで，もう一度整理していきましょう。この問題場面で同様に確からしいことは何でしょうか？　そこから考えられるすべての場合の数は何でしょうか？　すべての場合の数を過不足なく数えるいい方法はないでしょうか？

（以下略）

第2章　言語活動プラン＆評価問題　97

5 評価問題

2つのさいころを同時に投げるとき，一方が偶数で，他方が奇数の目が出る確率を求める。このとき，同様に確からしいことは何かを答え，この確率を求めなさい。

①出題の意図

　教科書や問題集の問題においては，前提とされており，問われることがないが，統計的確率と数学的確率との区別，数学的確率を求めることができる場合を明確にするという授業を行ったのだから，そのことが理解できているかどうかを問う。

　問題自体は，難しいものではない。授業で行った硬貨をさいころに変えただけである。計算で確率を求めることはできるが，いつその計算を用いていいのか，どのような条件が必要であるのかまでの理解をみる。

②解答類型・採点基準（10点満点として）

解答類型		得点
（正答の条件） a　同様に確からしいことについて正しく述べている。 b　確率$\dfrac{1}{2}$を求めている。		
1	それぞれのさいころに着目して記述しており，確率が正しく求められているもの。 （正答例） それぞれのさいころについて，1〜6の目は，どの目が出ることも同様に確からしい。確率$\dfrac{1}{2}$	10点

2	2つのさいころの場合の数に着目して記述しており，確率が正しく求められているもの。 （正答例１） 2つのさいころを区別すると，目の出方の36通りは同様に確からしい。 確率$\frac{1}{2}$ （正答例２） 2つのさいころの目， (1，1) (1，2) (1，3) (1，4) (1，5) (1，6) (2，1) (2，2) **(2，3)** (2，4) **(2，5)** (2，6) (3，1) **(3，2)** (3，3) **(3，4)** (3，5) **(3，6)** (4，1) (4，2) **(4，3)** (4，4) **(4，5)** (4，6) (5，1) **(5，2)** (5，3) **(5，4)** (5，5) **(5，6)** (6，1) (6，2) **(6，3)** (6，4) **(6，5)** (6，6) が起きる場合は，同様に確からしい。確率$\frac{1}{2}$	10点
3	同様に確からしいことについて正しく記述されているが，確率が求められていないもの。	6点
4	同様に確からしいことについての記述が曖昧もしくは不十分であるが，確率が求められているもの。	6点
5	同様に確からしいことについての記述が誤っているもしくは記述していないが，確率が求められているもの。	4点
6	同様に確からしいことについての記述が誤っており，確率も求めていないもの。	0点
0	上記以外の誤答，並びに無解答。	0点

第2章　言語活動プラン＆評価問題　99

2年 任意の追究課題レポート
レポート作成を利用した言語活動

1 授業の目標

追究課題レポートを作成することで，数学を体験させる。自分で考えたことや調べたことを，数学的な表現を用いて整理してまとめる。そして，その成果を共有する。

2 教材について

私たち教師は「できていない生徒を，できるようにしたい」と考えることが多い。そのため，結果として，数学が好き，数学が得意といった生徒に足踏みをさせていることがありはしないか。このことは，全国的調査において「数学の問題が解けたとき，別な解き方を考えようとしていますか」という質問に対して，肯定的な回答が3割程度にとどまっているという結果にも表れていると考える。多様な考え方や解き方，その問題をもとにさらなる追究を授業で行いたいと考えても，「一部の数学な得意な生徒のための授業になってしまうのではないか」「学習の定着を図る時間を確保したい」とためらっていないだろうか。

数学好き，数学が得意という生徒に対しても，彼らに適した課題を提示し，能力を伸ばしていきたい。それに適しているのが，任意の追究課題レポートであると考える。それは新たに特別な課題を与えるというのではなく，授業の中で扱った問題に対して，さらに追究することを指示するという形で行うことができる。また，長期休暇を利用した自由研究レポートのように大部のものでなくて，レポート用紙1枚程度のものでもよい。

100

ここでは，その課題となる例をいくつか示すことにする。なお，評価問題については，任意の課題であるので，考えないこととする。

3　言語活動充実のポイント〔関連：②　⑤　⑧〕

　任意の追究課題であるので，レポートの形式にこだわる必要はないが，ある程度の枠や項目を示すことは，生徒に取り組みやすくさせる。そこで，次の項目を提示し，活用させるようにする。

①レポートのタイトル

②追究した課題
　教師によって与えられた問題そのものであっても，自分の言葉で整理し，課題としてまとめさせたい。授業場面での指示となると，曖昧な表現であることも多い。あるいは，投げかけ程度の場合もあるだろう。原問題を含めて課題を整理させたい。

③自分が追究しようと思った理由
　「先生が『取り組むように』といったから」と生徒は答えるかもしれないが，それでも「取り組んでみよう」と思った理由，興味をもった部分を記述させたい。

④追究内容と結果
　結果だけでなく，その過程において考えたこと，場合によっては失敗した考えなども含めて，記述させたい。

⑤感想や今後の課題
　追究課題に取り組んでみてどのようなことを感じたのか，どのようなこと

第2章　言語活動プラン&評価問題　101

を得たのか，振り返り，まとめることを記述させたい。そこから，今後の課題，新たな問題意識が得られたならなおよい。

　成果の共有については，その内容を見て教師が判断するのがよいだろう。すべての生徒に紹介すべきものであれば，授業の中で時間を取って発表させるのがよい。コメントとして紹介する方法もある。
　一方で，学校事情によるが，教室内や廊下に「数学コーナー」を設け，掲示する方法もある。数学が好き，数学が得意という生徒が，掲示された追究課題レポートを前にして議論している姿を想像するだけで，楽しく，嬉しくなる数学教師は多いと思う。

4　追究課題レポート例

①レポートのタイトル
　平行四辺形になる条件は，５つの場合だけか！

②追究した課題
　四辺形 ABCD について，平行四辺形の性質に表れる８つの項目 AB//DC，AD//BC，AB＝DC，AD＝BC，∠A＝∠C，∠B＝∠D，OA=OC，OB=OD の２つの項目を組み合わせたとき，四角形 ABCD が平行四辺形になる場合はいつか。

③自分が追究しようと思った理由
　平行四辺形の定義，性質と平行四辺形になる条件を比べると，「１組の向かい合う辺が，等しくて平行であるとき」が加えられている。この他の組合せ「１組の向かい合う辺が等しく，１組の向かい合う角が等しいとき」などでは平行四辺形にならないのか調べたいと思った。

④追究内容と結果

　四辺形 ABCD について，平行四辺形の性質に表れる8つの項目をもとに表をつくり，その組合せについて調べていった。平行四辺形になる場合は証明をし，平行四辺形にならない場合は反例となる図をかくようにした。

	AB//DC	AD//BC	AB = DC	AD = BC	∠A = ∠C	∠B = ∠D	OA = OC	OB = OD
AB//DC		定義	条件5	ア	イ	イ	ウ	ウ
AD//BC			ア	条件5	イ	イ	ウ	ウ
AB = DC				条件2	エ	エ	オ	オ
AD = BC					エ	エ	オ	オ
∠A = ∠C						条件3	カ	キ
∠B = ∠D							キ	カ
OA = OC								条件4
OB = OD								

・アの場合（AD//BC と AB = DC のとき），等脚台形になる場合がある。

・イの場合（AB//DC と∠A =∠C のとき），AB//DC より∠A =∠CDE，∠A =∠C より，∠CDE =∠C，よって，錯角が等しいから，AD//BC，2組の向かい合う辺がそれぞれ平行になるから，平行四辺形。

・ウの場合（AB//DC と OA = OC のとき），△ABO と△CDO において，1辺とその両端の角がそれぞれ等しくなり，合同となる。よって，対角線がそれぞれの中点で交わるから，平行四辺形。

・エの場合（AB=DC と∠A =∠C のとき），分度器を使って平行四辺形にならない場合の図をかくことができたが，分度器を使っているので作図とはいえず，理由が説明できない。

アの場合

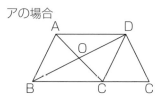

イの場合

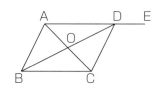

エの場合

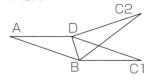

・カの場合（∠A＝∠CとOA＝OCのとき），たこ形があるので，平行四辺形になるとはいえない。

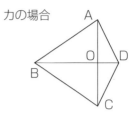
カの場合

・オとキの場合，いろいろ考えたけど，現段階では平行四辺形になるか判断できなかった。反例となる図もかけないし，証明もできなかった。

　実際に調べた結果，教科書にある平行四辺形になる条件以外にも，使える組合せがあることがわかった。

⑤感想や今後の課題

　自分で調べたことにより，平行四辺形についていろいろ知ることができた。また，結論がわかっていないので，「本当に成り立つのかな？」と考えながら証明を考えることが楽しかった。しかし逆に，わからないままになっている部分がある。悔しい。今後も考えていきたい。

> **教師の朱書き**
> 　すばらしい追究ができましたね。3年生で学ぶ定理を使うと解けるものがあります。何が使えるか，意識して学んでいきましょう。

5　追究課題例

　2年の単元では，別解を求めたり，問題を発展させたりすると，興味深い教材が多くある。いろいろな場面で，生徒に指示をして追究させたいものである。数学が得意な生徒は得意なりに，数学が苦手な生徒は苦手なりに，それぞれが数学に興味をもち，その能力を伸ばしたい。

〔式の計算〕

○文字式の利用問題

　原題：図のように，直径 AB を2つに分けて，それぞれを直径とする円をかきます。AからBまで行くのにアとイのコースの道のりを比べましょう。

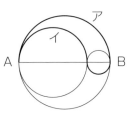

　「円を増やしたらどうなるだろう？」
　「円でない図形，正三角形，正方形だったらどうなるだろう？」

○偶数・奇数の問題

　原題：偶数と奇数の和は奇数になる。
　「偶数と偶数の和，奇数と奇数の和はどうなるだろう？」
　「和を差にしたらどうなるだろう？」（積や商だと2年の範囲を超える）
　「整数を3つ以上にしたらどうなるだろう？」

〔連立方程式〕

○「連理方程式の解き方は，加減法と代入法しかないのだろうか？」

○「文字が3つ，4つとなった連立方程式も解けるだろうか？」

○連立方程式の利用問題　速さ・時間・道のりの問題

　原題：30km離れたところに行くのに，はじめは自転車で時速16kmで走り，途中から時速4kmで歩いたら，3時間かかりました。自転車で走った道のりと歩いた道のりを求めなさい。

　「道のりで x, y としたところを，時間で x, y としたらどうなるだろう？」
　「同じような問題，連立方程式で解く身近な問題をつくれないか？」

第2章　言語活動プラン＆評価問題　105

〔一次関数〕

○「一次関数の特徴を，比例，反比例と比較し，整理してまとめるとどうなるだろう？」

○「理科や技術・家庭科など他教科の教科書の中に一次関数はないか探してみよう」

○「身の回りの事象の中に，一次関数と考えられるものを探してみよう」

〔図形の調べ方〕

○「この教科書では，『多角形という場合，凹みのあるものは考えないことにします』と書いてあるけど，なぜだろう？」

○「凹みのある多角形（楔形）で，外角の和を考えるとすると，どうすればいいのだろう？」

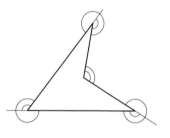

　国立大学附属中学校で，楔形の外角の和を考える授業を参観した。授業の意図は，外角の定義「内角＋外角＝180°」と「多角形の外角の和は360°」を保存するために角に向きを入れマイナスの角度を考える方法と，定義を「内角＋外角＝360°」と変えることで「n 角形の外角の和 ＝180°×($n＋2$)」という公式を導き出す方法を考えるというもので，どのように数学をつくっていくかを取り扱うものであった。すべての生徒には難しいだろうが，数学が好き・得意という生徒には取り組ませたい課題である。

○「星形五角形の先端にできる角の和について，いろいろな解き方を考えてみよう」

○「星形 n 角形の先端にできる角の和は求められないか？」
　星形五角形で終えると，「いろいろな解き方ができますね」までであるが，n 角形まで拡張すると，使える解き方と使えない解き方が出てくる。特殊な場合ではこちらの方がわかりやすいが，一般化するとこちらの方がよいということが体験できる（第 1 章 p.18 参照）。

○「三角形の合同条件には，証明はないのかな？」

○「四角形の性質を整理してそれぞれの四角形の関係を図に表してみよう」

○「等積変形の問題で，Dの位置が動いたらどうなるのかな？」
　原題：図のように，△ABC の辺 BC の中点を M とする。辺 AB 上の点 D を通って，△ABC の面積を2等分する直線 DE をかきなさい。

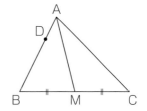

〔確率〕

○「2つのさいころを同時に投げるとき，どんな確率が考えられるかな？」
　出る目の数の和について，素数や倍数を考えることもできる。
　出る目の数の和ばかりでなく，差や積や商は考えられないのかな。
　2つのさいころから，3つのさいころ，4つのさいころとさいころを増やしたらどうなるかな。

○「じゃんけんでも，確率は考えられるのかな？」
　3人でじゃんけんをして，2回続けて勝つ確率とか，5人でじゃんけんをして「あいこ」にならない確率とか，身近な事象の中に確率を用いると，説明しやすい場面を見いだすことができる。

3年 平方根表の秘密を発見しよう
平方根

1 授業の目標

平方根表の構造を調べることで，平方根についての理解をより深いものとする。

2 教材について

現在のように電卓が普及していなかったころ，平方根の近似値は，あらかじめ計算してつくられた平方根表（下の図）を使って求めていました。平方根表には，1.00から9.99まで0.01ごと，10.0から99.9まで0.1ごとの数の平方根の小数第4位を四捨五入した近似値が示してあります。

この表で，本当に多くの数の平方根の近似値は求められるでしょうか。また，この表の秘密はどこにあるのでしょうか。

平方根表（一）

数	0	1	2	3	4	5	6	7	8	9
1.0	1.000	1.005	1.010	1.015	1.020	1.025	1.030	1.034	1.039	1.044
1.1	1.049	1.054	1.058	1.063	1.068	1.072	1.077	1.082	1.086	1.091
1.2	1.095	1.100	1.105	1.109	1.114	1.118	1.122	1.127	1.131	1.136
1.3	1.140	1.145	1.149	1.153	1.158	1.162	1.166	1.170	1.175	1.179
1.4	1.183	1.187	1.192	1.196	1.200	1.204	1.208	1.212	1.217	1.221
1.5	1.225	1.229	1.233	1.237	1.241	1.245	1.249	1.253	1.257	1.261
1.6	1.265	1.269	1.273	1.277	1.281	1.285	1.288	1.292	1.296	1.300
1.7	1.304	1.308	1.311	1.315	1.319	1.323	1.327	1.330	1.334	1.338
1.8	1.342	1.345	1.349	1.353	1.356	1.360	1.364	1.367	1.371	1.375

平方根表は現在教科書では扱われていない。それは，電卓の発達により，平方根の近似値が$\sqrt{\ }$キーを押すだけで得られるからである。しかし，以前は教科書の巻末に平方根表が掲載され，次のような問題が授業でも扱われた。

　平方根表を使って，次の数の近似値を求めよ。
①$\sqrt{300}$　　②$\sqrt{0.3}$　　③$\sqrt{27500}$　　④$\sqrt{0.0428}$

　$\sqrt{300}$を求めるには，$\sqrt{30}$の近似値を用いることはできず，$\sqrt{3}$の近似値を用いて$\sqrt{300}=\sqrt{3\times100}=\sqrt{3}\times10$とするところに，この問題のおもしろさがある。これは10進位取り記数法と指数並びに平方根の表記のおもしろさがもとになっている。そして，これらの考えを使うことによって，1.00から9.99まで0.01ごと，10.0から99.9まで0.1ごとの表を作成すれば，すべての数に対して4桁の近似値を示すことができるという平方根表の構造のよさを見いだすことができる。

　ここに，この教材のよさがある。この意味において，電卓が普及し，簡単に，より正確な平方根の近似値を求めることができる現代においても，扱う価値があると考える。

　さらに，平方根表が扱われていた教科書には，章末問題として，

　次の数の近似値を，なるべく簡単な方法で求めよ。
①$\sqrt{2}\times\sqrt{6}$　　②$6\div\sqrt{8}$　　③$\sqrt{80}-\sqrt{45}$

のような問題が見られる。近似値を求めることによって，$\sqrt{\ }$の中の値をできるだけ簡単にすること，分母の有理化をすることのよさが，実感としてわかる問題といえる。

　また，$\sqrt{2}$と$\sqrt{3}$の近似値から$\sqrt{6}$などの近似値を求める問題を発展的に扱うこともあった。

第2章　言語活動プラン＆評価問題　109

3 言語活動充実のポイント〔関連：② ⑤ ⑥〕

　タイトルは「平方根表の秘密発見」だが，平方根表を渡して「はい，どうぞ」では生徒は手がかりがなく，何をどうしてよいかわからないだろう。

　そこで，「教材について」で述べたように，$\sqrt{3}$の近似値と$\sqrt{30}$の近似値は全く違う値であり，それぞれの近似値を用いることができる値を明らかにしていくことで，解決の糸口を見いだすようにさせる。そのことにより，説明すべき対象を自分で見いだし，必然性をもって言語活動を行うようにさせたい。

　次に，見いだしたことを，自分なりの言葉で整理させる。

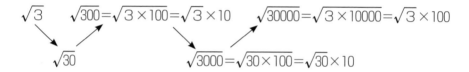

このような見いだした規則を図で表現できたことを，言語として表現するように，

・それはどういうことなの？　具体例をいつでもいえることとして表現してごらん
・数学の用語を用いて表現してごらん
・何となくいえたでなく，ノートに整理して書いてごらん

などと，表現することの訓練を促す指示をし，「言語活動の充実」を図っていきたい。3年なので，「自分なりに」から「数学的な表現を用いて，根拠を明らかにし筋道立てて説明し伝え合う活動」へと高めたい。

　さらに，活動のまとめとして，文化としての数学に言及できるとよい。平方根表は，先にも述べたように，現在は授業で扱われていない。ましてや技術が飛躍的に進化した現代社会では，実際の場面で使われることもないと推測できる。しかし，ここには数学の文化的価値がある。数学の利用・実用性も重要なことであるが，文化としての数学を生徒に感じさせたい。

4 授業展開例

（平方根表を配付し，平方根表で $\sqrt{n}$ の値の求め方を説明する。）

T　コンピュータや電卓が今のように発達していなかったころ，ほんの数十年前までは，このようにして平方根表をもとに平方根の近似値を求めて計算をしていました。この平方根表を見て気付くことはありますか？　まずは直感で。

S1　1.00から99.9までの平方根の近似値が求められる。

S2　10.0が境となって，数の増え方が違う。

S3　たった4ページしかないけど，これで十分なのかな？

T　気付いたことから，疑問まで出てきました。では，$\sqrt{3}$ と $\sqrt{30}$ の値は同じですか？　平方根表に値のない $\sqrt{300}$ や $\sqrt{3000}$，$\sqrt{0.3}$ の値は求められませんか？　そこから，平方根表の秘密を探っていきましょう。追究をして，気付いたこと，考えたことをノートに言葉で表現しましょう。

（個人追究の中で，$\sqrt{3}=1.732$，$\sqrt{30}=5.477$，$\sqrt{300}=17.32$，$\sqrt{3000}=54.77$ で止まっている生徒には，

・この関係は「3」以外の数でも同じようにいえるか？

・この関係を一般化して示すことはできないか？

と促す。）

T　気付いたこと，考えたことを発表してください。

S4　私は，$\sqrt{100}=10$，$\sqrt{10000}=100$ であることに気付きました。当たり前のことだけど，何かすごく大切でおもしろい気がします。

S5　$\sqrt{100}=10$ って当たり前じゃない？　$\sqrt{4}=2$ もあるよ。

S4　確かに，$\sqrt{4}=2$，$\sqrt{9}=3$ というようにいっぱいあるけど，$\sqrt{100}=10$ がとても重要だと思ったの。

T　S4さんがいいたい気持ちがわかる人，いいたいことが説明できる人はいませんか？

第2章　言語活動プラン&評価問題　111

S6 私たちは，10進法の世界でものを考えています。だから，$\sqrt{100}=10$ は重要な意味があると思います。10倍なら，その値に0を付けて位を変えるだけで，簡単に値を求めることができます。

S7 確かに，$\sqrt{4}=2$ や $\sqrt{9}=3$ ではうまくいかないけど，$\sqrt{100}=10$ を使えば簡単だ。

T 同じようにして，$\sqrt{0.3}$ で説明をしてください。

S8 $\sqrt{0.3}$ でも重要なのは，$\sqrt{100}=10$ です。だから，$\sqrt{0.3}=\sqrt{\dfrac{3}{10}}$ とするのではなく，$\sqrt{0.3}=\sqrt{\dfrac{30}{100}}=\dfrac{\sqrt{30}}{\sqrt{100}}=\dfrac{5.477}{10}=0.5477$ とすると，小数点の移動だけで近似値を求めることができます。

S9 そうか，そう考えると，1.00から99.9までの値があるだけでいいんだ。

S10 0.23とか0.100から0.999までは，10.0から99.9までの値から近似値が求められる。

$$\sqrt{0.100}=\sqrt{\dfrac{10}{100}}=\dfrac{\sqrt{10}}{10}=\dfrac{3.162}{10}=0.316$$

$$\sqrt{0.101}=\sqrt{\dfrac{10.1}{100}}=\dfrac{\sqrt{10.1}}{10}=\dfrac{3.178}{10}=0.3178$$

$$\vdots$$

$$\sqrt{0.999}=\sqrt{\dfrac{99.9}{100}}=\dfrac{\sqrt{99.9}}{10}=\dfrac{9.995}{10}=0.9995$$

S11 値が大きければ，$\sqrt{3}$ と $\sqrt{30}$ の区別のように考えればいい。
$$\sqrt{354}=\sqrt{3.54\times100}=\sqrt{3.54}\times10=1.881\times10=18.81$$
$$\sqrt{3540}=\sqrt{35.4\times100}=\sqrt{35.4}\times10=5.950\times10=59.50$$

（以下略）

5 評価問題

$\sqrt{2}$, $\sqrt{3}$, $\sqrt{5}$の近似値がわかっていて，$\sqrt{n}$のnが30以下の自然数のとき，近似値が求められるnの値をすべて記しなさい。

①出題の意図

平方根の近似値を，平方根を含む式の計算規則を利用して求めることができるかを問う。このことにより，平方根について理解しているかをみる。

②解答類型・採点基準（10点満点として）

	解答類型	得点
	（正答の条件） a　以下の18個の自然数をすべて示しているもの。 　　　1　2　3　4　5　6　8　9　10 　　12　15　16　18　20　24　25　27　30	
1	正答の条件aを満たしているもの。	10点
2	$\sqrt{a}\times\sqrt{b}$の計算で求められる6，10，15，24，30が記されていないもの。ただし，余分なものは含まれていない。	5点
3	素数のみは除いているが，14，21，22，26，28という素数の倍数を含めているもの。	5点
4	$\sqrt{a}\times\sqrt{b}$の計算で求められるものは記されているが，$a\sqrt{b}$の計算で求められる8，12，18，20，27が記されていないもの。	3点
0	上記以外の誤答，並びに無解答。	0点

第2章　言語活動プラン＆評価問題　113

3年 学習 Map を作成しよう
二次方程式

1　授業の目標

　学んだ二次方程式の解き方について学習 Map を作成することで，それぞれのよさを整理し，自分が問題を解くときにどの方法を選ぶとよいかの判断ができるようにする。

2　教材について

> 二次方程式の解き方について，学習 Map を作成しよう。

　「学習 Map」は筆者がつくった造語である。学習 Map 作成の意図は，学習した事項をつなぐことである。この学習 Map は，単元のまとめの授業やレポート課題など，いろいろな活用方法がある。

　二次方程式の解き方として，平方根の考えによる方法，平方根の考えをもとにした平方完成による方法，二次方程式の解の公式，因数分解を利用した方法を学習する。それぞれの場面で，それぞれの解き方を学び，その練習をし，それぞれの解き方を習得する。しかし，どの問題で，どの解き方を選択するとよいかは，一部の教科書で取り上げられるようになってきているというのが現状である。ここには技能の習得のうえに立った思考，判断の場がある。この思考，判断の基準を，二次方程式の解き方のそれぞれの方法の関係を，学習 Map を作成することにより表現させるというのが，この授業のねらいである。

　ここで，この思考，判断の基準については，固定的にはとらえたくない。

生徒の「自分は，この方法の方が得意だから」という判断が働いてもよい。学習が進み，判断が変更されていってもよいと考える。

3 言語活動充実のポイント〔関連：⑤ ⑧ ⑨〕

　学習 Map の作成を考えるとき，小集団（グループ）での活動を活用するとよりよく深められる。そのためには，いくつかのポイントがある。これは，説明し伝え合う活動の多くの場面でも当てはまるが，ここでは，学習 Map に特化して述べていく。

・生徒一人ひとりが対等に意見をいい合えること

　数学が得意な生徒や発言力のある生徒が，一方的に自分の考えを他の生徒に伝える，教える，押し付けるものであってはいけない。相互に高め合える学習集団づくりが大切である。数学が苦手な生徒の発表に対しても，真摯に聞き，わからないことには質問をする。質問されたことに対しては，わかってもらえるまで説明する，自分の説明を修正することをさせる。

・個人の考え，個人追究とその発表場所の確保

　小集団での話し合いにおいても，自分なりの考えをもって臨めるようにしたい。完成されたものでなくても，「こういうことを自分の学習 Map には書いておきたい」といった自分の学習 Map 作成の意図をもたせたい。そのことにより，小集団で 1 つの学習 Map にまとめるといった場面でも，自分の考えを述べ，人の考えを聞くことができる。つまり，小集団での活動は，個人の考えを深める場となり，書くことと話すこと，そして，表現することの訓練の場となることを期待したい。

・小集団からクラス全体での発表，練り上げ

　小集団においてよい活動ができたなら，クラス全体での活動は必要ないかのように思われることがある。小集団での活動が深める活動なら，クラス全体という大きな集団での活動は広げる活動である。小集団のときは「自分たちの考えが一番いい」と思って活動していても，大きな集団で発表を聞くと，

「そういう考えもあるのか」「このグループでは取り上げられなかった私の考えを，他のグループが行っている。私の考えも悪くなかったんだ」などの気付きが得られる。さらに，発表会で終わらせず，意見交換をして練り上げていく活動をしていきたい。

4　授業展開例

T　二次方程式の解き方についての学習 Map を作成します。まず，一人ひとりで自分ならどのような学習 Map をつくるかを考えます。こういうことは書いておきたい，この関係がわかるようにしたいということを書き出し，イメージ図を作成しましょう。次に，それを持ち寄って，グループで 1 つの学習 Map を作成しましょう。

〔個人解決〕

〔小集団での活動（机間指導の中での教師の投げかけと生徒間の話し合い）〕

T　このグループでは，どういう話し合いをしているの？

S 1　まず，順番にそれぞれがどのような学習 Map になるといいかの考えを発表し，どのように作業を進めようかを話し合っています。

T　どんな考えが出ましたか？

S 1　私は，教科書の例に出てきた問題を順に並べ，そのつながりを Map として表したいと考えました。

S 2　私は，二次方程式を見たときに，どれで解くといいか判断できるような学習 Map がいいと考えています。

S 3　私も S 2 さんと同じで，解かなくちゃいけない二次方程式を見て，解の公式がいいのか，因数分解がいいのか，平方根の考えがいいのか，その判断の仕方がわかるようにしたいと考えました。

S 4　私は，同じ問題をいろいろな解き方をすることで，それぞれの解き方の特徴を考え，学習 Map にしたいと考えました。

T　それで，今はどのように話が進んでいるのですか？

S5　方向としては，S2・S3さんの考えで，どの解き方を選ぶかの判断がわかるような学習 Map をつくろうということになっています。その中で，S1さんの教科書の例に出てきた問題を整理することやS4さんの1つの問題をいろいろな方法で解いてみることを生かしていきたいなとなっています。

T　いい話し合いができていますね。話し合いでさらに深めながら，作業を進めていきましょう。

二次方程式の解き方の学習 Map　例

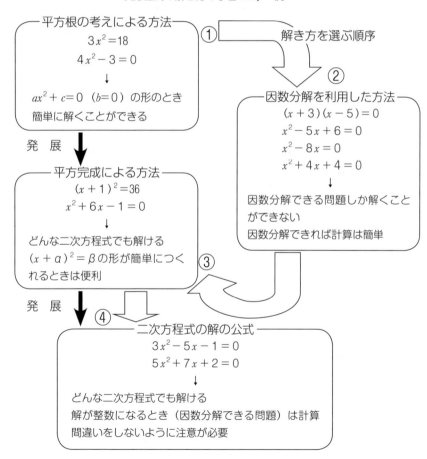

5　評価問題

二次方程式 $x^2 + 4x = 5$ を解きなさい。

また，次のア～オの中から，自分が解いた方法を1つ選び，選んだ理由を示しなさい。ただし，ア～オのどれを選んで説明してもかまいません。

ア　平方根の考えによる方法　　　イ　平方完成による方法
ウ　二次方程式の解の公式　　　　エ　因数分解を利用した方法
オ　ア～エ以外の方法

①出題の意図

二次方程式を実際に解き，なぜその方法を選んだのかを問う。授業で学習 Map を作成したことにより，二次方程式の解き方についてそれぞれのよさを理解している。その理解を問う。よって，どの解法を選ぶかに優劣はないが，その理由に矛盾がないかは採点基準となる。

②解答類型・採点基準（10点満点として）

解答類型		得点
（正答の条件）		
a　二次方程式 $x^2 + 4x = 5$ の解 $x = 1$，-5 が求められている。		
b　解いた方法がア～オから選択されており，その説明が適切である。		
1	正答の条件 a，b を満たし，イを選択しているもの。 （解答例） 左辺が $(x + 2)^2$ の形に簡単になるから。	10点
2	正答の条件 a，b を満たし，ウを選択しているもの。 （解答例） 二次方程式の解の公式を利用すれば，どんな二次方程式も解けるから。	10点

3	正答の条件 a, b を満たし，エを選択しているもの。 （解答例） 式を変形し，左辺＝０の形にしたとき，因数分解ができたから。	10点
4	正答の条件 a, b を満たし，オを選択しているもの。 （解答例） 与えられた式に $x＝1$ を代入すると成り立ったので，もう一方も代入して求めた。	10点
5	正答の条件 a を満たし，イ～オのいずれかを選択し説明をしているが，説明が不十分なもの。 （解答例） イを選択し，左辺が（　）^{2} に変形できるから。	7点
6	正答の条件 a を満たし，イ～オのいずれかを選択し説明をしているが，選択肢と説明が一致しないもの。 （解答例） ウを選択し，他の方法よりも計算が少ないから。 オを選択し，因数分解を利用するとどんな二次方程式も解けるから。	5点
7	正答の条件 a を満たし，アを選択しているもの。	5点
8	正答の条件 a を満たし，ア～オから選択しているが，説明がないもの。	3点
9	正答条件 a を満たしていないもの。	0点
0	上記以外の誤答，並びに無解答。	0点

第2章　言語活動プラン＆評価問題　119

3年 既習の確認から学習の目標，見通しをもとう

関数 $y=ax^2$

1 授業の目標

　比例・反比例，一次関数で学んだことを想起し，内容を整理することで，関数 $y=ax^2$ について調べていくという目標をつかむ。さらに，その方法として式，表，グラフの特徴を明らかにするという見通しをもつ。

2 教材について

①関数について学習したことを書き出そう

②書き出した関数について学習したことを整理しよう

③３年生で，どのような関数について追究していくか目標を決めよう

　また，どのような内容を明らかにすべきか見通しをもとう

　３年の教材には，中学校３年間の学習のまとめも位置付けられているものが多い。関数 $y=ax^2$ についても，独立した学習ではなく，３年間の関数の学習のまとめ，相互の関係を明らかにすることをしたい。

　３年間のまとめとなると，単元末で…と考えやすいが，導入において既習を想起させることで，直前に学んだ二次方程式と関連付け，二次関数を学習するという学習の対象を見つけることができる。そして，一次関数の前に比例を学習したように，二次関数 $y=ax^2+bx+c$ の前に関数 $y=ax^2$ を学ぶことの必然性を感じさせることができる。また，１・２年での関数の学習において，中心的な役割を果たしたのが式，表，グラフであることが確認でき，関数 $y=ax^2$ についても，同様に追究を進めればよいという見通しをもつこと

120

ができる。

　生きる力で示されている「自ら課題を見つけ，自ら学び，自ら考え，主体的に判断し，行動し，よりよく問題を解決をする」姿がここにあると考える。

3　言語活動充実のポイント〔関連：②　③　④　⑧〕

　「三人寄れば文殊の知恵」という諺の通り，１人で考えてもできないことが，授業として仲間とともに考えていくと，驚くほど深められたり，広げられたりすることがある。本時のような「既習を想起する」という場面では，１人では20も書き出せればかなりのものであるのに，人の意見に触発されるとクラス全員が１つずつ発言し，40に近い事柄を想起することが可能となる。

　そのためには，生徒が互いに意見を尊重する学習集団が形成されていなければならない。そして，詰まってしまう生徒には「x軸が出てきたなら」「a＞０のときというなら」と広げたり「直線が出ているけど，どういう直線だったかな？」と深めたりする発問をして導いていくのが教師の役割となる。また，想起させる内容は，事実の確認ばかりでなく，そのとき，どのような活動を行ったかまでさせたい。反比例の学習で実際に線香を燃やす活動を行っていたなら，それを発表させたい。そのことでより明確に，豊かに学習した内容を想起することができる。「て・め・あたま」でいえば，「あたま」の想起にとどまらず，「て」や「め」まで想起させたいということである。

　多くの事柄が出てくれば，それを整理しようというのは数学の学習で身に付けてきている数学的活動の方法である。共通事項，比例，反比例，一次関数となれば，直前に二次方程式を学習していることから，二次関数の学習をするという目標を見いだすことができる。逆に，ここでの教師の役割は，一般的な二次関数 $y=ax^2+bx+c$ へと進む生徒の興味・関心を関数 $y=ax^2$ へと導くことである。このときも，「教科書がそうなっているから」ではなく，比例と一次関数の学習を想起させ，二次関数 $y=ax^2+bx+c$ へ向かう一歩として関数 $y=ax^2$ を学ぶ必要性を感じさせるようにしたい。ここまでくれば，

関数 $y=ax^2$ を調べるために，どのような活動をすべきか見通しをもつことができている。

4 授業展開例

T　関数について学習したことをノートに書き出そう。思い出せることを全部，こんなことをやったでもいいからね。3分間で書いてみよう。

〔個人解決〕

T　書き出したものを，整理していきましょう。まず，順番に書き出したことを1つずついっていきましょう。

S1	比例	S2	反比例	S3	式
S4	$y=ax$	S5	$y=\dfrac{a}{x}$	S6	表
S7	一次関数	S8	グラフ	S9	x 軸
S10	y 軸	S11	原点O	S12	$y=ax+b$
S13	変化の割合	S14	傾き	S15	x の増加量
S16	y の増加量	S17	定数	S18	比例定数
S19	原点を通る	S20	直線	S21	双曲線

S22　$a>0$ のとき右上がりのグラフ

S23　x の値を2倍，3倍，…すると，y の値も2倍，3倍，…になる

S24　x の値を2倍，3倍，…すると，y の値は $\dfrac{1}{2}$ 倍，$\dfrac{1}{3}$ 倍，…になる

S25	切片	S26	反比例は，$x=0$ のときの y の値はない
S27	座標	S28	変域
S29	線香を燃やした	S30	グラフから式を求めた
S31	変数	S32	x の値が1増えると，y の値は a だけ増える
S33	$y=k$	S34	多くの点を取った
S35	式からグラフをかいた		

T　順番にいっていくと出てくるものですね。まだ出ていない事柄もある
　　かもしれませんが，バラバラのものを整理していきましょう。どのよ
　　うに整理していったらいいでしょうか？

S36　1年で学習した比例，反比例，2年で学習した一次関数と，それ以外
　　で分けるといいと思います。

T　それ以外というのは？

S37　x軸，y軸のように，比例，反比例，一次関数のすべての学習で出て
　　きたものと，$y=k$のように，比例，反比例，一次関数に含まれない
　　ものとを区別した方がいいよね。

T　では，まず，比例，反比例，一次関数と，すべてに共通するもの，ど
　　れとも関係しないその他，の5つに分けて考えますか。

S38　式，表，グラフでも区別した方がいい。

S39　表は変化の様子といった方がいいかも。「xの値を2倍，3倍，…する
　　と」というのは表でわかりやすかったけど，表だけとは限らないから。

T　2つの意見がありますが，どうしましょうか？

S40　たてと横で，黒板にかいて説明します（下の表を板書）。表をつくっ
　　て，そこに当てはまるものを整理してはどうでしょうか？

	共通	比例	反比例	一次関数	その他
式					
表 （変化の様子）					
グラフ					

T　うなずいている人が多いですね。では，バラバラに出した事柄を整理
　　していきましょう。そして，たりないところは補いましょう。

〔個人解決　その後　全体で確認後〕

T　本日3つ目の問題です。3年生で，どのような関数について追究して
　　いけばいいでしょうか？　また，どのような内容を明らかにすればい
　　いですか？

第2章　言語活動プラン&評価問題　123

S41 方程式も二次方程式を学習したのだから，二次関数 $y=ax^2+bx+c$ についてです。

T その通りですね。一次関数を学習してきたのだから，二次関数を調べたいですね。でも，ここで，いきなり $y=ax^2+bx+c$ では手がかりがつかみにくいですので，一次関数 $y=ax+b$ の前に比例 $y=ax$ を調べたように，二次関数でも特殊な場合 $y=ax^2$ から調べていくことにします。

T 何を調べればいいですか？

S42 表のたて軸の式，表（変化の様子），グラフです。

S43 皆でつくった表に1行「関数 $y=ax^2$」を増やして考えればいい。

（以下略）

板書されている表の一部の例

	反比例	一次関数	関数 $y=ax^2$
式	・$y=\dfrac{a}{x}$ 　a は比例定数	・$y=ax+b$ 　$a,\ b$ は定数	
表（変化の様子）	・変化の割合は一定ではない ・$x=0$ のときの y の値はない ・x の値を n 倍すると，y の値は $\dfrac{1}{n}$ になる ・線香を燃やした	・変化の割合は一定で a の値に等しい ・x の値が1増えると，y の値は a だけ増える ・x の値を n 倍しても，y の値は規則はない	
グラフ	・双曲線 ・　$a>0$　　　　$a<0$	・傾き a，切片 b の直線 ・$a>0$ のとき右上がり，$a<0$ のとき右下がり	

5 評価問題

反比例 $y=\dfrac{a}{x}$ と関数 $y=ax^2$ に共通する特徴を，次のア～オからすべて選びなさい。

ア 変化の割合が一定である　　　イ 原点を通るグラフである

ウ グラフは曲線になる　　　　　エ 比例定数がある

オ $a>0$ のとき，グラフは常に x 軸の上側にある

①出題の意図

関数 $y=ax^2$ と既習の関数（反比例）を関連付けてその関数の特徴をとらえることができているかを問う。選択問題ではあるが，3年間の関数の学習を総合的にとらえているかを問うことができると考える。

②解答類型・採点基準（10点満点として）

	解答類型	得点
1	ウ，エと答えているもの。	10点
2	ウもしくはエと1つだけ答えているもの。	5点
3	ウ，エと答えているが，他のものも1つを加えて答えているもの。 （解答例）ア，ウ，エ	4点
4	ウ，エと答えているが，他のものも2つを加えて答えているもの。	2点
5	ウもしくはエと，他のものを答えているもの。 （解答例）イ，ウ，オ	2点
6	ア，イ，ウ，エ，オとすべて答えているもの。	0点
0	上記以外の誤答，並びに無解答。	0点

第2章　言語活動プラン&評価問題　125

3年 円を等分した点を結ぶ対角線でできる角を追究しよう
円の性質

1 授業の目標

　円の性質を利用する練習問題を出発点として，条件変更をすることにより，そこにある性質を自分たちで見いだし，整理することで，定理・公式の形まで発展させる活動を行う。

2 教材について

　　右の図形は，円周を9等分する点を結んでできた図形です。
（1）∠xの大きさを求めなさい。
（2）問題の条件をいろいろと変えて，∠xの大きさを求めなさい。

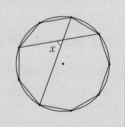

　円周を5等分する問題は，教科書の章末問題においてもよく取り上げられている。単に∠xの大きさを求めるだけなら，練習問題でしかないが，条件変更を行って別の問題を解いてみると，規則性を見いだすことができる。そして，見いだした新たな図形の性質について，説明し伝え合う活動を行うことにより，洗練され，定理・公式といってもよい形まで高めることが可能である。この問題の主な解法としては，
①円周角の定理並びに三角形の内角の和の性質を用いる方法
②円周角の定理並びに平行線の性質を用いる方法
の2つがあり，ともに補助線が解決のポイントになる。

この問題の条件を変更する。
①円周の9等分を変更する
円周を2等分，3等分では∠xはできない。
4等分，5等分のときは，弧2つ分の弦しかなく，

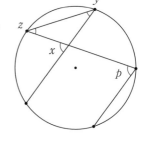

- $y = z = 180 \times \dfrac{1}{5} \times 1 = 36$

  $x = y + z = 36 \times 2 = 72$

- $x = p = 180 \times \dfrac{1}{5} \times 2 = 72$

6等分，7等分を考えていくと，弧3つ分の長さが出てくる。
②結ぶ線分の長さを変更する
弧2つ分の線分が2つの場合を考えると，

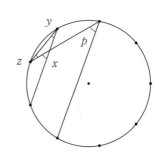

- $y = z = 180 \times \dfrac{1}{9} \times 1 = 20$

  $x = y + z = 20 \times 2 = 40$

- $x = p = 180 \times \dfrac{1}{9} \times 2 = 40$

となり，
4等分，5等分のときと同様の式で求められることを見いだすことができる。さらに，6等分，7等分で出てきた弧3つ分の線分の場合と見比べると，見いだした予測が正しいことが確認できる。
③線分の位置を変更する
6等分までは，線分の長さが決まると∠xの大きさは一意に決まった。しかし，7等分以上になると，線分の長さが同じでも，線分の位置により∠xの大きさが異なる。

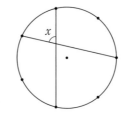 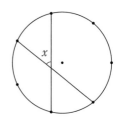

3　言語活動充実のポイント〔関連：②　③　⑤　⑧〕

　（1）は，どのような補助線を引くかが解決への大きな手がかりである。話し合いでは，「なぜその補助線を引いたか」という着想を大切にし，「この次は自分で解ける」状態にしたい。そのため，小集団の話し合いの場面では，進んでいる生徒に「単に答えを教えたり，補助線を教えたりしてはダメですよ。友達があなたのヒントで『わかった，後は自分でできる』となるようなヒントを考えなさい」などと指示したい。ヒントを考えることで，答えを得ている生徒も根拠や着想を振り返り，学習内容の理解を深めることができる。

　（2）は，はじめはバラバラに調べていたものを，整理し，関連付けていくことで，新たな図形の性質を見いだし，発展させていくことができるようにしたい。ここで重要な役割を果たすのが言語活動である。とはいうものの，的確な教師の投げかけや指示がなければ，それぞれが勝手なことをいっているだけの散漫なものとなる。教師の指導により，話し合いに方向性が生まれ，建築的なものとなり，新たな図形の性質を見いだし，発展させていく活動になる。いろいろな進行の仕方があるが，「似たもの，関連のあるものを調べた人から発言してください」「いろいろ発表されたけど，似ているものを集めてみようか」「広がりすぎないように，『まず，ここから』というところを決めよう」といったものがその例となる。

　本時のねらいは，図形の性質を見いだし，発展させる活動，そのことを説明し伝え合う活動をすることである。最終的に，事実として，ここまでまとめなければならないというものはない。だから，クラス全員としての目標とは別に，数学が好きという生徒，数学の学習が進んでいる生徒には，追究レポートを課すとよい。それぞれの生徒が，どこまで提示問題をもとに追究できるか取り組ませたいものである。また，そこから生まれる説明し伝え合う活動にも期待したい。決められたパターンがない内容について，他人にわかりやすいレポートを作成することは，その構成を考えるだけでも優れた言語活動であり，その練習であると考える。

4 授業展開例

〔問題提示,個人解決〕

T （個人解決中の机間指導の中で）(1) ∠xの角の大きさが求められた人は,困っている人に求められたらヒントをいってあげなさい。ただし,ヒントですよ。答えを教えたり,補助線を教えたりしてはダメですよ。友達があなたのヒントで「わかった,後は自分でできる」となるようなヒントを考えなさい。

〔個人解決中の机間指導の中で,∠xの角の大きさを求めるために引いた補助線のみを板書させる。〕

　　　解き方1　　　　　解き方2　　　　　解き方3

T 他の方法もありましたが,皆の中で代表的な3つの補助線をかいてもらいました。自分の方法以外の補助線からどのように∠xの角の大きさが求まるか説明できますか？　近くの人同士で確認してみましょう。

〔小集団による確認活動（説明し伝え合う活動）〕

T 自分たちではどうもうまく説明ができなかった,納得がいかなかったというのがあったところは挙手をしてください。

S1 解き方2がよくわかりませんでした。

T 解き方2について説明してもらいましょう。

S2 解き方2の補助線は,∠xのある弦と平行な弦を補助線としました。そうすると,平行線の同位角で,∠xの角の大きさと等しい大きさの円周角が見つかります。

T 解き方2の補助線は,何のために引いたといい換えることができますか？

S3 円周角の定理をうまく使うために，$\angle x$を円周角に移動させるために。

T そうですね。そのように考えると，解き方１，３の補助線の目的，着想は何だといえますか？

S4 私は解き方１をしましたが，円周角の定理を使えないかと考えています。そうしていくつか補助線を引いていたら，$\angle x$を三角形の外角とする三角形を見つけることができました。

T いいですね。このように，自分の解き方を振り返り，その着想や根拠を明らかにするようにしましょう。次に，（２）を考えていきましょう。どのように問題の条件を変えましたか？

S5 私は９等分はそのままにして，線分の位置を変えてみました。

S6 私も同じですが，一方を固定して，他方の線分の位置を変えました。

S7 私は９等分を変えて，８等分のときの$\angle x$を求めてみました。

S8 私はS6さんと似ていて，９等分はそのままにして一方を固定し，他方の線分の位置も固定して，他方の長さだけを変えて$\angle x$の大きさを求めました。

S9 $\angle x$の大きさを求めるが精一杯で，できていません。

T できていないけど，こんなことを考えたいというのはどうですか？

S9 S7さんがいったように，９等分を変えてみたいと思います。

S10 私もS7さん，S9さんと同じで，９等分を変えてみたいと思いますが，１から順々に，１等分はないけど，考えてみたいと思います。

T いろいろいい意見が出てきました。まず，皆で一緒に考えるために，広がりすぎないように「まず，ここから」というところを決めましょう。

S11 S10さんのいうように，１等分から順々に９等分，さらに，10等分と考えていくのがいいと思います。

S12 その中で，S5さんやS8さんの考えを取り入れていくといい。

T そうですね。まずは皆で一緒に考え，残りは各自の追究レポートとしましょう。

（以下略）

5 評価問題

円周を８等分する点をA，B，C，D，E，F，G，Hとする。線分
ADとCFとの交点をPとする。この条件の図形をかき，∠DPFの大
きさを求めなさい。

①出題の意図

言語活動の１つとして，テキストを読んで理解することがある。図形であ
れば，テキストを読んで条件に合う図をかくことができるかが重要な項目と
なる。この問題では，条件を理解できないことに問題があるのか，円周角の
定理をうまく利用できないのかを問う。

②解答類型・採点基準（10点満点として）

解答類型	得点
（正答の条件） *a*　図が正しくかけている。 *b*　∠DPFが求められている。 （解答例） 右の図　∠DPF＝90° 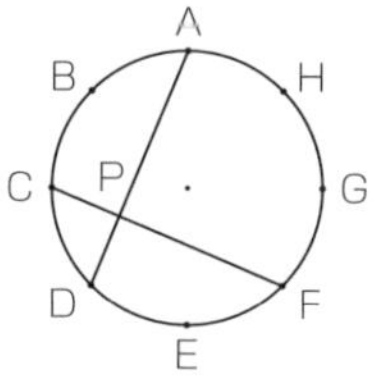	
1　正答の条件 *a*，*b* を満たしているもの。	10点
2　正答の条件 *a* の図は不十分であるが，正答の条件 *b* の∠DPFが求められ 　　ているもの。 　　（解答例）点の記号A，Bなどがないもの。	7点
3　図はかけているが，∠DPFが求められていないもの。	5点
4　図はかけていないが，∠DPFが求められているもの。	3点
5　図もかけていなく，∠DPFも求められていないもの。	0点
0　上記以外の誤答，並びに無解答。	0点

第2章　言語活動プラン＆評価問題　131

3年 ピタゴラスの発見を追体験しよう
三平方の定理

1 授業の目標

観察や操作活動を通して，三平方の定理を見いだし，理解する。

2 教材について

問題1
ピタゴラスが石畳の上を歩いて，直角二等辺三角形の辺の上にできる図形の面積について，ある関係を発見したという，どんな関係を発見したのだろう？

問題2
予想の直角二等辺三角形を直角三角形に変えても仮説は成り立つだろうか？　直角二等辺三角形を二等辺三角形に変えても仮説は成り立つだろうか？

問題3
方眼用紙にいろいろな直角三角形をかいて，直角をはさむ2辺をそれぞれ1辺とする2つの正方形の辺の長さを a，b，面積をア，イとし，斜辺を c，それを1辺とする正方形の面積をウとして，予想が成り立つか調べよう。いろいろな図をかいて，表を埋めよう。

三平方の定理を，ピタゴラスが発見した伝説をもとに，追体験をしていこうというものである。ここで，直角二等辺三角形からすぐに直角三角形へといくのではなく，直角二等辺三角形からの拡張として，二等辺三角形と直角

三角形について調べていくという手順を踏む。結論を知らないものとしては当然の追究方法である。

　教師（並びに教科書）は，先を急ぎ，あるべきこの無駄な追究をついつい省略してしまうが，活動の仕方を学ぶという数学的活動の考えからいえば，このような「うまくいかない場合」の体験もさせておきたい。そして，多くの場合を調べ，直角三角形で成り立つ性質の予想を見いだすようにさせる。

3　言語活動充実のポイント〔関連：②　⑤　⑥〕

　教師の誘導によって順々に展開していくことになるが，それぞれの場面で数学の言葉で表現をすること，それをもとに次の活動を進めることが行われる。直角二等辺三角形において見いだされる性質は，直角か二等辺か着目する点の違いによって，

・直角二等辺三角形で，直角をはさむ2辺をそれぞれ1辺とする2つの正方形の面積の和は，斜辺を1辺とする正方形の面積に等しい

・直角二等辺三角形で，頂角をはさむ2辺をそれぞれ1辺とする2つの正方形の面積の和は，底辺を1辺とする正方形の面積に等しい

と2通りの表現がされる。この表現されたことから，次の活動が生まれる。

　また，言語活動として，一般命題と特述命題の違いを意識させ，それぞれのよさを感じさせたい。このことは，すでに合同条件を始めとして，図形の性質や証明において，経験していることではあるが，明確に示されていないことが多いのではないだろうか。本時では，直角二等辺三角形における命題の仮定を変えても成り立つかという What if not? においては，一般命題のよさがある。しかし，具体的に調べていこうとすると「直角三角形の直角をはさむ2辺の長さを a, b，斜辺の長さを c とする」という特述が必要となる。そして，まとめとして，なぜ今までも2通りの表現がされていたのかを確認すれば，「なるほど，そういうことだったのか」と生徒は納得するだろう。

第2章　言語活動プラン＆評価問題　133

4　授業展開例

〔問題1を提示〕

T　直角二等辺三角形はどれですか？　辺の上にできる図形の面積というけど，辺の上にできる図形は何ですか？

S1　二等辺三角形はいろいろな大きさがある。

S2　辺の上にできる図形は，正方形だよ。

S3　2つの正方形の面積の和が，もう1つの正方形の面積になっている。

T　ピタゴラスが発見した関係を予想し，数学の言葉を使って表しましょう。

S4　「直角二等辺三角形で，直角をはさむ2辺をそれぞれ1辺とする2つの正方形の面積の和は，斜辺を1辺とする正方形の面積に等しい」です。

S5　私は，「直角二等辺三角形で，頂角をはさむ2辺をそれぞれ1辺とする2つの正方形の面積の和は，底辺を1辺とする正方形の面積に等しい」にしました。

T　S4さんとS5さんの違いはわかりますか？

S6　直角二等辺三角形だけど，S4さんは直角三角形に，S5さんは二等辺三角形に注目して，それぞれの言葉を使って表現しています。

T　そうですね。では，この直角二等辺三角形で成り立つ予想で，重要なのは，直角なのかな？　二等辺なのかな？　直角二等辺三角形という部分を，直角三角形，二等辺三角形と変えて調べていきましょう。

〔問題2を提示〕

S7　二等辺三角形で成り立たないことは，すぐにわかります。この図ではダメです。底辺を1辺とする正方形はとても小さいです。

T 二等辺三角形ではダメだよということを，例を使って説明してくれました。このような説明を何といいましたか？
S 反例。
T 反例が示されましたから，二等辺三角形だけでは予想が成り立たないことがわかりました。残るは，直角三角形の場合ですね。

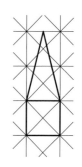

〔問題3を提示，右下の表を板書し，個人解決〕

調べた値について発表し，表を埋めていく。
帰納的に，予想「直角三角形で，直角をはさむ2辺をそれぞれ1辺とする2つの正方形の面積の和は，斜辺を1辺とする正方形の面積に等しい」ことが成り立つことを確認する。

a	1			
b	1			
c	$\sqrt{2}$			
ア	1			
イ	1			
ウ	2			

T ここまで調べたことを，予想をしてまとめてみましょう。ピタゴラスは，

直角三角形の直角をはさむ2辺の長さを a, b, 斜辺の長さを c とすると，
$a^2 + b^2 = c^2$ （$BC^2 + CA^2 = AB^2$）

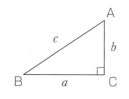

を発見した。という予想ですね。定理にするには何が必要ですか？
S 証明。
T 次回はこのピタゴラスが発見した予想の証明を考えていきます。ここで，今日の学習を振り返りましょう。ピタゴラスがどのような発見を

したか予想をし，調べてきました。そのとき，予想を２つの方法で表現しました。
S8　１つは言葉，１つは a, b, c といった記号を使って。
T　似たようなことは，今までにもありましたね。
S9　合同条件や相似条件，平行線の性質などいろいろありました。
T　それぞれの表現は，それぞれのよさがあります。それを確認しましょう。
(以下略)

5　評価問題

図のような△ABCについて，三平方の定理の逆を示しなさい。ただし，$a<c, b<c$ とする。

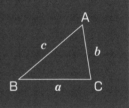

①出題の意図

三平方の定理の逆を正しく表現できるかを問う。逆を表現させることで，命題における仮定と結論をきちんと意識できているか，数学的な表現ができるようになっているかをみる。

また，三平方の定理と，三平方の定理の逆を区別して使用しているかをみる。

②解答類型・採点基準（10点満点として）

解答類型		得点
（正答の条件） *a*　特述による表現をしている。 *b*　仮定と結論の区別ができている。 （正答例） ・△ABC で，$a^2 + b^2 = c^2$ ならば，∠C ＝90° ・△ABC で，$BC^2 + CA^2 = AB^2$ ならば，∠C ＝90°		
1	正答の条件 *a*，*b* を満たしているもの。 （正答例）	10点
2	正答の条件 *a*，*b* を満たしているが，∠C が直角であることを示していないもの。 （解答例） 　・△ABC で，$a^2 + b^2 = c^2$ ならば，△ABC は直角三角形 　・$BC^2 + CA^2 = AB^2$ ならば，△ABC は直角三角形	8点
3	正答の条件 *a* を満たしていないが，*b* を満たしているもの。 （解答例） 三角形の2つの辺の2乗の和が，他の1辺の2乗と等しいならば，その三角形は直角三角形である。	5点
4	正答の条件 *a* を満たしているが，*b* を満たしていないもの。 （解答例） △ABC は，$a^2 + b^2 = c^2$，∠C ＝90°	3点
5	三平方の定理の逆ではなく，三平方の定理を答えているもの。 （解答例） △ABC で，∠C ＝90° ならば $a^2 + b^2 = c^2$	2点
0	上記以外の誤答，並びに無解答。	0点

第2章　言語活動プラン&評価問題　137

3年 三平方の定理の証明を調べ，分析しよう
レポート作成を利用した言語活動

1 授業の目標

　三平方の定理の証明について，文献，インターネットなどで調べ，その証明を読んで理解する。そして，その中で一番興味深いものを選び，その理由を記述するレポートを作成する。作成されたレポートをもとに，互いの考えを理解し合う。

2 教材について

　三平方の定理の証明について，学習指導要領では「三平方の定理が証明できることを知ること」と示されている。つまり，これまでの学習のように，自分で証明できることは求められていない。三平方の定理の証明はいろいろな証明方法があり，それだけで1冊の本が出ているくらい多様である。教科書においても，巻末を利用して本文で扱った証明以外の方法を紹介している。一方，証明を読んで理解することは，数学科で重視したい言語活動である。
　このようなことから，長期休暇を利用して，全員の生徒に「三平方の定理の証明を調べ，分析する」レポート課題を課した。現在のように，インターネットが発達し，また，多くの家庭でインターネットを利用できる環境において，「単に調べて，まとめる」だけの課題では，いわゆる「コピペ」で終わってしまう。果たして証明を読んで，理解するという言語活動を行ったかも疑わしくなる。そこで，次の課題提示プリントを作成し，指示する。
　課題（2）の一番興味深いものを選び，その理由を記述することは，単なる「コピペ」防止ではない。生徒に，証明を読んで「解釈」「熟考」すること，証明にもとづいて自分の意見を論じたりすることを求めている。

138

課題提示プリント

３年数学　レポート課題

　「三平方の定理」の証明は多くあります。その中には，非常に興味深いものも多くあります。そこで，次のことについてのレポート作成を課題とします。

課題

(1) 「三平方の定理」の証明を，自分が興味深く思ったものを３つ書き出しなさい。

(2) その３つの証明の中でも一番興味深いものを明示し，その理由を他の証明と比較して示しなさい。

〇レポート作成上の注意

・Ｂ５判レポート用紙に，課題（1）の証明を記入する。

・レポートの分量は，レポート用紙５枚程度までとする。

・今回は，証明を読んで理解し，そのよさを判断することが目的であるので，PCなどによる打ち出し原稿は不可とする。

・別紙プリントに，課題（2）を行い，レポートの最終ページに付ける。つまり，課題（2）はプリント１枚に簡潔にまとめて記入すること。

課題（2）

「三平方の定理」の３つの証明の中でも一番興味深いものは，	
〈理由〉	

　　　　３年　　組　　番　氏名

3 言語活動充実のポイント〔関連：②　⑤　⑧〕

　証明の学習においては，証明を書くだけでなく，証明を読むことも大切である。ここに焦点を当てたのが，このレポート課題である。生徒は，三平方の定理の証明と結論はわかっているので，それに至る証明を読んで理解することを言語活動として行うことになる。

　そして，課題（2）を設けることで，PISA 型読解力でいわれた，①テキストに書かれた情報を理解するだけでなく，「解釈」し，「熟考」すること，②テキストに基づいて自分の意見を論じたりすることを言語活動として求める。

　レポートをもとにした授業では，自分の一番興味深い証明の説明，なぜそれを選んだのか理由の説明を行う。生徒は，それぞれ自分のレポートを手にしながら同級生の発表を聞く。そのとき，その証明について，

a　読んで，自分の3つの証明方法の1つとした

b　読み，証明を理解したが，自分の3つの証明方法の1つとしなかった

c　読んだが，証明を理解できなかった

d　読んでいない

の4つのいずれかの状態にある。レポートをそのまま読んでいるだけでは，*c* や *d* の生徒に証明を理解してもらうことは難しい。当然，説明の工夫をしたり，相手の理解を確認したりすることが必要になる。逆に，自分の伝えたいという言語活動の必要感を強く感じる場面でもある。

　c の生徒は，自分が読んで理解できなかった部分を理解しようとするから，当然，疑問や質問がわいてくる。教師は，生徒が素直にクラス全体の場でそのような疑問や質問を表現できるように，学習環境を整えておく必要がある。

　また，この場でどこまで生徒間の活動に任せるのか，教師の判断が必要なところである。発表者の生徒だけでなく，*a* や *b* の生徒にも「その部分だけ，代わって説明して」「同じところを○○さんの言葉で説明して」などと発言の機会を与えながら授業を展開するのは，教師の役割である。

課題（2）の生徒のレポート例　その１

> **一番興味深いものは，図形を切り移動させる方法**
> 　図形を工夫して切り，上手に配置することで，計算を使わなくても，c が斜辺の直角三角形 ABC では，$a^2 + b^2 = c^2$ になることを証明できたから（$c^2 = a^2 + b^2$ の最終的な形を重ねると，ピッタリと重なることから）。
> 　また，それを証明した後に，なぜピッタリと重なったのかを私の知っている知識で簡単に証明することができたから。私の知っている図形の移動による三平方の定理の証明の多くは，わかりにくいところで切り分けている。だが，この証明は違い，ある三角形の形のみを切ったり，付けたしたりしているため，本当にわかりやすかったから。

　図形を切り移動させる方法とは，折り紙を用いて，手順を踏んで図１から図３をつくっていく方法である（詳細略）。

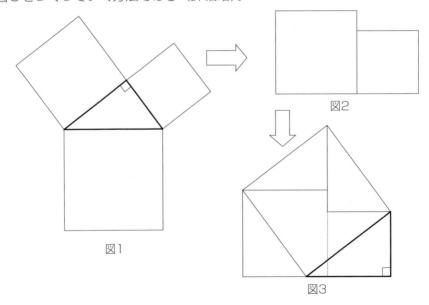

図１　図２　図３

課題（2）の生徒のレポート例　その2

一番興味深いものは，内接円を利用した証明

この方法は，直角三角形の斜辺の長さを，他の2辺の長さと半径の長さを使って表すことで，$c^2 = a^2 + b^2$ を証明している。

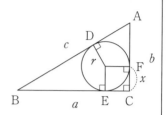

① $c = (a-r) + (b-r) = a+b-2r$ から，

$r = \dfrac{a+b-c}{2}$ を導く。

また，この直角三角形の面積は，$\dfrac{(a+b+c)r}{2} = \dfrac{ab}{2}$ なので，この式に代入することで r が消える。このような等式変形から，三角形の面積に関する等式を，3辺の長さだけの式にすることができた。

この方法を，その他の三角形に当てはめてみると，②のような図がかける。

② しかし，斜辺の長さを①と同じ方法で置き換えると，

$c = (a-x) + (b-x)$ となってしまう。

つまり，①のように EC＝FC＝r の関係は成り立たないため，

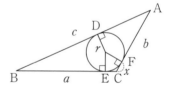

$\dfrac{(a+b+c)r}{2} = \dfrac{ab}{2}$ を3辺の長さだけの式に変形できない。

ここで，①について考えてみると，△ABC が直角三角形の場合は，接点を通る内接円の半径が接線に対して垂直であることに加えて，斜辺の対角が直角であるという特徴があるため，EC＝FC＝r がいえる。

このように，内接円を利用した証明方法を，他の三角形と比較してみたときに，直角三角形と内接円の関係がうまく生かされていることに気付けたため，一番興味深く感じた。

4　評価問題

　下の証明は，何を証明しているものか。結論となる□□□□に当てはまる図形の性質を示しなさい。

　AB=BC=CD=DA の四角形 ABCD の対角線の交点を O とする。

　△ ABO と△ ADO で，　　　　　　　　　　　AB=AD　…　①

　四角形 ABCD は平行四辺形といえるから，　BO=DO　…　②

　共通だから，　　　　　　　　　　　　　　　AO=AO　…　③

　①②③より，対応する３辺がそれぞれ等しいから，△ ABO ≡△ ADO

　よって，∠ AOB=∠ AOD　で　∠ AOB +∠ AOD =180°

　だから，□□□□□□□□□□□□□□□□□□□□□□□□□□□といえる。

①出題の意図

　証明を読んで理解し，判断できるかを問う。授業での課題は三平方の定理の場面であるが，この時期であるので３年間の学習を踏まえて判断できるかをみる。

②解答類型・採点基準（10点満点として）

	解答類型	得点
1	「ひし形の対角線は垂直に交わる」と答えているもの。	10点
2	「AB=BC=CD=DA の四角形 ABCD では，AC ⊥ BD」と答えているもの。	5点
3	「四角形 ABCD の対角線は，垂直に交わる」と答えているもの。	4点
4	「AC ⊥ BD」「垂直に交わる」と答えているもの。	3点
5	「平行四辺形の対角線は垂直に交わる」と答えているもの。	1点
0	上記以外の誤答，並びに無解答。	0点

第２章　言語活動プラン&評価問題　143

【著者紹介】

鈴木　明裕（すずき　あきひろ）

岐阜聖徳学園大学　教授

1959年　愛知県生まれ

愛知教育大学大学院数学教育専攻修了

名古屋市立中学校教諭，筑波大学附属中学校教諭を経て現職。

中学校数学サポートBOOKS

10のポイントで必ず充実！

中学校数学科　言語活動プラン＆評価問題

2016年8月初版第1刷刊　Ⓒ著　者	鈴　　木　　明　　裕
発行者	藤　　原　　光　　政
発行所	明治図書出版株式会社

http://www.meijitosho.co.jp

（企画・校正）赤木恭平

〒114-0023　　東京都北区滝野川7-46-1

振替00160-5-151318　　電話03(5907)6701

ご注文窓口　　電話03(5907)6668

＊検印省略　　　　　　　組版所　藤　原　印　刷　株　式　会　社

本書の無断コピーは，著作権・出版権にふれます。ご注意ください。

Printed in Japan　　　　　　　ISBN978-4-18-235825-8

もれなくクーポンがもらえる！読者アンケートはこちらから　→